EL CAMINO ES LA META

ROBERTO JIMÉNEZ CABEZA

2018.

Diseño de portada, lomo y contraportada: Roberto Jiménez Cabeza.

Imagen portada y contraportada: Roberto Jiménez Cabeza.

1ª edición

ISBN: 9781731094230

Impreso en España / *Printed in Spain*

De un humilde peregrino:

Para Sheila y mis padres con cariño.

Para todos los peregrinos del mundo;

para los que son

para los que serán

y para los que creen que no lo son.

EL CAMINO ES LA META

ÍNDICE

INTRODUCCIÓN

Este libro está escrito desde el punto de vista de un peregrino y en él quiero expresar una experiencia, tan válida como la que puede contar cualquier persona que haya tenido el privilegio de vivir el Camino de Santiago, por ello no quiero que lo que voy a narrar sea lo correcto o lo incorrecto, lo mejor o lo peor que se pueda contar, simplemente es una opinión más escrita desde lo más profundo de mis sentimientos hacia lo que ha sido la mayor experiencia de mi vida, sin duda lo que más me ha marcado, y así poder compartirlo con palabras con todo aquel que quiera leerlo.

De tal manera va dirigido a todo el mundo; peregrinos como yo que pueden contar kilómetros disfrutando de la vida en el Camino, y que por lo tanto tendrán su opinión del mismo, pudiendo estar de acuerdo conmigo en todo o casi todo lo que diga, otros que probablemente lo entiendan de una forma muy diferente de vivirlo y, por lo tanto, discrepen en muchas cosas con mi forma de explicarlo.

Para todos aquellos que no lo hayan hecho nunca pero que lo tengan en mente, que sea uno de sus planes de futuro, sean cuales sean sus motivaciones para comenzar, ya sea como reto deportivo, religioso o espiritual, como promesa hacia alguien o simplemente como una forma diferente de tener vacaciones. Sí, para ellos también van dirigidas estas humildes líneas, porque todos necesitamos de vez en cuando ese empujón para comenzar algo nuevo, ese ánimo justo para tener el valor de hacer algo que nos dé cierto reparo al no conocerlo, y si puedo ayudar a los que duden a hacerlo ya habrá servido para algo escribir estas páginas.

Por supuesto habrá personas que ni siquiera se lo hayan planteado, que prefieran otras vacaciones más convencionales, que digan aquello de: "Lo de andar tanto no va conmigo", bueno, pues para vosotros, en el caso de que elijáis este tipo de lecturas, también va dirigido. Porque tengo que deciros que el Camino de Santiago no es solo andar, es una forma de vida, ya sé que suena raro así de primeras, desde fuera se puede ver como simplemente andar por andar, o llegar a Santiago como único objetivo, cuando en realidad es lo menos importante, o ¿acaso en nuestra vida diaria estamos deseando que llegue el final? El final en la vida no es algo que nadie desee, por lo tanto, en el Camino no se mira el final, se disfruta el momento, el presente por encima de todo al igual que en la vida del día a día, porque recuerda: El Camino es la Meta. Y a diferencia del final vital, este final no termina con nada, simplemente acaba una etapa para comenzar otra, la vida sigue, las experiencias nos enseñan y nos hacen continuar.

Vivir de esta manera, la vida de peregrino nos enseña lo que realmente es la vida, lo verdaderamente importante, para comprender que hay otros modos de ver el mundo, una forma simple, sencilla, sincera, que saca lo mejor de cada persona.

Por eso los que penséis que esto no va con vosotros estáis muy equivocados, basta con experimentarlo, porque un solo paso que des como peregrino hará que tus pensamientos den un giro radical, valorando lo verdaderamente importante, y restando esa importancia subjetiva e irreal que le damos a temas que no merecen la pena.

Y si llegados a este punto decidís emprender el viaje, tranquilos, terminaréis y diréis: "Pues no sé, sólo ando y ando, devoro kilómetros sin sentido, he llegado a Santiago y sólo siento el orgullo de haber superado una prueba, de haberme superado a mí mismo, pero no ha cambiado mi forma de ver la vida..." Algo así fue lo que yo experimenté al terminar mi primer Camino pero, vuelvo a repetir, tranquilos. Las enseñanzas importantes no se asimilan de un día para otro, llevan su tiempo, necesitas alejarte del camino y volver a la "vida real". Como cuando realizas un entrenamiento de musculación, en el momento tus músculos están cansados, las fibras se rompen, y estás más débil que cuando comenzaste, necesitas descansar para que se recuperen y se hagan más fuertes, es ahí cuando crecen, el entrenamiento solamente es la chispa que provoca el incendio, el descanso te proporcionará el crecimiento. En tu primer camino pasa eso, necesitas regresar a tu rutina, y ahí poco a poco irás asumiendo las experiencias y enseñanzas que el Camino nos regala, valorarás ese aprendizaje y, al igual que en el ejemplo de los músculos, será a partir de entonces cuando tu mente se recupere y crezca, hacia un crecimiento personal inigualable, no serás el mismo, te lo aseguro, serás mejor, que no el mejor, ser mejor que tu "yo" anterior, superándote a ti mismo, al igual que lo sientes en el aspecto físico en el momento de llegar a Santiago, poco a poco notarás esa superación mental con el paso del tiempo.

La vida es maravillosa, llena de cosas buenas que pasan por encima de lo malo que pueda haber, pero sin embargo en nuestra rutina diaria de trabajo y demás quehaceres nos olvidamos de disfrutarla, de VIVIR los buenos momentos, los pequeños detalles que son los que merecen la pena. Los seres humanos podemos ser muy distintos en la mayoría de aspectos, de gustos y de motivaciones pero todos llegamos a la misma conclusión, hagamos lo que hagamos nuestro principal objetivo en la vida es ser felices, sea cual sea el medio para llegar a esa felicidad, ese es el fin máximo y sin embargo no siempre logramos serlo, o por lo menos no del todo; estamos ocupados en demasía en nuestra rutina, vamos corriendo a todos los sitios, somos esclavos de un reloj, y parece que si el día tuviera treinta horas seguiríamos necesitando más, estamos demasiado ocupados en darle importancia a cosas insignificantes, hacemos un mundo de problemas que en realidad son absurdos comparado con lo verdaderamente importante, dejamos de lado nuestra felicidad y eso no tiene ningún sentido, olvidar lo más importante, nuestro objetivo vital.

Para ello sólo necesitamos parar, como dijo Groucho Marx en una de sus célebres frases: "Que paren el mundo que me bajo". Irte al Camino de Santiago es como pulsar el botón de "stop" de un autobús en el que vas subido; es como parar ese mundo en el que estamos

[9]

constantemente y que discurre de manera vertiginosa a un ritmo inaguantable por la vida, ese mundo que no cesa en su empeño de girar y de hacernos girar con él, de correr, de moverse tanto que te deja sin aliento, que te absorbe sin ni siquiera preguntarte a dónde vas. En el Camino consigues bajarte del autobús, logras parar el tiempo y vivir mientras observas desde otra perspectiva la interminable carrera a ninguna parte del resto de los mortales. Porque sí, el mundo va demasiado rápido como para darnos cuenta de que perdemos la vida en correr sin disfrutar los momentos, correr ¿A dónde? A ninguna parte, correr por correr, vivir acelerado sin vivir pausado no es vida, porque vivir algo que no estás viviendo es lo mismo que no vivir.

Recuerdo una escena de un documental que vi sobre el Camino de Santiago en el que salían comiendo un peregrino holandés y un hombre de Burgos que estaba viajando por asuntos de trabajo, coincidiendo en aquel restaurante de manera fortuita. Durante aquellos minutos que duró la conversación el hombre le dijo al peregrino que había tardado tres horas en llegar hasta allí desde Burgos y que aún le quedaba alguna hora más de camino por carretera. En ese momento el peregrino se quedó con la mirada fija al infinito, como reflexivo, y pensó: "¿Tres horas? Yo he tardado ocho días en llegar desde Burgos..."

Cuando se lo comentó al hombre, éste le dijo:

- Claro hombre, es normal, tú vas andando. En el siglo XXI, en ocho días, te da tiempo a ir a la luna, volver, declararle la guerra a tu enemigo, vencer y llegar a casa para cenar. La vida es más rápida cada día, amigo mío.
- Sí, mejor nos relajamos, y disfrutamos de la sopa. -respondió el peregrino dando por finalizada la conversación.

Es un ejemplo perfecto para lo que quiero explicar; uno tarda ocho días en llegar hasta allí desde Burgos. El otro lo hace en tres horas y tiene el resto del tiempo sobrante para hacer más cosas. La diferencia es que el peregrino vive esos ocho días, los disfruta, siente cada momento sin tratarlo como mero trámite hacia algo que vendrá. El otro hombre ha ido corriendo durante tres horas para llegar al lugar en el que está comiendo, lo hace rápidamente porque después tiene que seguir, luego volver, y más adelante tendrá mil asuntos pendientes. Cuando pasen esos ocho días habrá hecho muchas cosas, pero sin disfrutar ninguna, se le pasarán esos ocho días volando sin darse cuenta. Mientras tanto el peregrino habrá sido más feliz disfrutando las pequeñas cosas y siendo consciente de ellas, habrá parado su mundo sin llegar a detenerse físicamente, no mirará un reloj a cada minuto, y no tendrá prisa por llegar a ninguna parte. Porque quien sólo piensa en el futuro se pierde el presente, y solo le quedará recordarlo como un pasado que ya no volverá.

El Camino nos enseña a parar, a detener el tiempo y observar, escuchar y aprender a saborear la vida en su máxima expresión. Por eso no corras, no estamos huyendo de nada, la vida es demasiado bonita como para pasar por ella como un velocista en los cien metros lisos; cuando estás con la mente puesta en la salida y de repente ya has llegado sin enterarte de nada, relájate y disfruta, cualquier momento es bueno para parar, para meditar y sentir la vida exprimiendo cada momento que nos ofrece. El Camino es eso, la vida misma, sin prisas, sin nada más que el momento vivido ahora, sin pensar en lo pasado, sin mirar hacia algo que no ha sucedido aún. Presente. Es lo único que tenemos. Disfrútalo.

UN POCO DE HISTORIA.

Antes de continuar con nuestra peregrinación debemos saber un poco más acerca de sus inicios:

Santiago fue uno de los doce apóstoles de Jesucristo. En realidad, su nombre Israelita era Jacob, derivado al latín como Sanctus Iacobus, y después al español se transformó en Santiago, Jacobo, Jaime, Diego o Iago. Hacia el año 44 Herodes Agripa manda decapitar a Santiago en

Jerusalén. Cuenta la leyenda que varios de sus discípulos y, debido a la prohibición de enterrarlo en aquellas tierras, sacaron en secreto su cuerpo hasta el mar y navegarían hasta Finis Terrae, fin del mundo conocido en la época. Su viaje les llevó hasta Iria Flavia, capital de la Galicia romana, pudiendo llegar a la costa por Muxía, lugar de peregrinación en la actualidad y donde se supone que llegó la barca con los restos de Santiago El Mayor, siendo allí, cercano a la costa de Finisterre donde fue enterrado el cuerpo incorrupto del Santo.

En el siglo IX, se cree que entre los años 820-830 D.C. se descubrió la tumba del Apóstol. Un ermitaño llamado Pelayo, que comenzó a ver resplandores misteriosos en un bosque cercano al lugar en el que vivía, fue el que avisó a Teodomiro, obispo de Iria Flavia que, a su vez, mandó excavar la zona hallándose el sepulcro de tres personas cuyos cuerpos fueron atribuidos a Santiago y a dos de sus discípulos, Teodoro y Anastasio.

El lugar pasó a llamarse *Campus Stellae* (Campo de las estrellas) derivando a la actual Compostela.

Teodomiro viajó hasta la corte Ovetense para visitar al rey asturiano Alfonso II y contarle así el descubrimiento sucedido en tierras galaicas. El monarca decide emprender el viaje con sus principales nobles, convirtiéndose de tal manera en el primer peregrino, realizando la ruta que hoy se conoce como Camino Primitivo, desde Oviedo hasta Santiago. A su llegada manda construir una pequeña iglesia de estilo asturiano, que ha sido constatada en las excavaciones arqueológicas en la que hoy es la catedral de Santiago actual, y se traslada la sede episcopal por el propio obispo Teodomiro, quedando establecida de manera oficial la tumba del Apóstol Santiago y comenzando sobre esa iglesia asturiana y los restos mortales del santo la futura ciudad de Santiago de Compostela.

Ya en el año 899 Alfonso III El Magno construye una nueva catedral de mayores dimensiones y mayor calidad artística que la anterior de

Alfonso II. Un siglo más tarde Almanzor destruye dicha catedral, aunque respeta la tumba del apóstol y hasta el año 1073 no comienza la construcción del tercer y definitivo templo sobre el santo sepulcro, bajo el mandato del obispo Peláez, la gran catedral románica que conocemos hoy.

Si bien es cierto que todo esto puede tener algo de leyenda mezclado con historia, una cosa está clara, sea o no sea Santiago quién allí descansa, la distancia desde Roma hasta Santiago no hizo más que fortalecer el Cristianismo, expandiéndose entre estas dos ciudades por toda Europa mediante los peregrinos. Por eso creo, y esto es una opinión personal, que no es casualidad que se llevaran la leyenda hasta aquel lugar, y menos aun teniendo en cuenta la debilidad que arrastraba la Cristiandad por el siglo IX; sin ir más lejos en España resistía el reino Asturleonés ante el avance de Al-Andalus. Aunque como ya he dicho solo es una opinión, y la verdad que no me importa si son o no son los restos de Santiago los que se hallaron en aquel bosque, porque allí nació una ruta de peregrinaje, una ruta de magia, una forma de vida única y sencilla. Yo no estoy aquí para juzgar algo que pasó hace tantos años, pero sí para agradecer la oportunidad de ser peregrino que nos ha llegado gracias a ese suceso. El resto lo dejo en el aire, cada cual que saque sus conclusiones y sus teorías.

Cabe destacar que no siempre ha estado en auge realizar el Camino de Santiago ya que se dio un declive enorme de peregrinación sobre el siglo XIV debido a la Peste Negra que asoló Europa.

Al igual que dos siglos después con la aparición del Protestantismo, fueron muchos años de decadencia, pues el mismo Lutero disuade de ir a Compostela con palabras como:

«... o sea, que no se sabe si allí yace Santiago o bien un perro o un caballo muerto...»

«... por eso, déjale yacer y no vaya allí...»

No es hasta el siglo XX cuando hay un resurgimiento de la peregrinación a Santiago y acaba siendo nombrado por la UNESCO Patrimonio de la Humanidad en 1993.

Hoy día está en un gran aumento, superando cada año el número de peregrinos que realizan el Camino, está de moda, y como tal no siempre lo hacen personas que lo cuidan, hay que preservarlo para evitar que se pierda su esencia, para que no se destrocen con basuras y malos hábitos que no corresponden al peregrino de verdad. Debemos evitar que muera de éxito.

¿CUÁNTOS CAMINOS HAY?

Ahora nombraré brevemente todos los caminos que hay para llegar a Santiago: los más concurridos, los más largos, los denominados enlaces entre caminos o algunos que se están recuperando de nuevo después de años olvidados gracias a la colaboración de algunos peregrinos de manera totalmente desinteresada.

Pero recuerda que los caminos que citaré a continuación son los caminos "físicos", porque por Caminos como forma de vida tenemos un mundo entero para recorrer y vivir como un peregrino, de hecho, se dice que el Camino se debería comenzar desde nuestra propia casa.

✓

Camino Francés: Sin duda el más transitado de todos, el más famoso, pero el que tenemos que evitar en meses de verano sobre todo si lo que queremos es tranquilidad y un poco de soledad.

Comienza en la localidad francesa de Sant Jean Pied de Port llegando a Santiago después de 940 kilómetros. Pasa por lugares tan emblemáticos como Pamplona, Logroño, Burgos o León. Las etapas en cada Camino son de libre elección para cada peregrino, cada uno se organiza como quiera; hay personas que andan una media de 15-20 kilómetros al día, otros 25, algunos 30, y también los hay que superan los 30 kilómetros de media, algo que personalmente no recomiendo al común de los mortales si queremos disfrutar al máximo las etapas y además evitar lesiones. Haciendo etapas más cortas podremos mantener nuestro cuerpo en el estado adecuado de bienestar y salud necesario y que así sea más fácil sortear la aparición de problemas físicos. No digo que quien haga muchos kilómetros al día no lo disfrute, pero por experiencia propia, prefiero andar menos y más tranquilo, porque como no me cansaré de repetir nunca, el Camino es parar, aunque físicamente no dejes de desplazarte nunca. Lo único que nos ata cuando organizamos nuestro Camino es ver dónde hay albergues para dormir, en el caso de no llevar tienda de campaña, y si queremos vivir la experiencia de peregrinaje de la forma más económica, es decir, sin dormir en hoteles, por ejemplo, aunque a veces pueda ser la única opción en otros Caminos con menos servicios y menos oferta de albergues.

✓ Camino Portugués: Camino que oficialmente comienza en Lisboa, aunque es muy común comenzarlo en Oporto, que llega a Santiago en 634 kilómetros si empezamos en la capital lusa. El segundo más concurrido y que tiene una variante en Oporto, donde podremos elegir si seguimos por el interior o si nos desviamos por la costa, pasando por Vigo y enlazando con el más oficial del interior en Redondela.

✓ Camino del Norte: El tercero según las estadísticas, pero el primero para mí, es el Camino que más me gusta; tienes montaña y mar, playas, acantilados, pueblos muy bonitos con ese encanto del norte de España, y una gastronomía espectacular. Oficialmente se comienza en la localidad Guipuzcoana de Irún, y recorre el País Vasco, Cantabria, Asturias y Galicia en un total de 823 kilómetros y visitando ciudades tan importantes como pueden ser San Sebastián, Bilbao, Santander o Gijón. El camino del Norte no llega directamente a Santiago, se une al Camino Francés en Arzúa, donde restarían dos etapas para llegar a la capital gallega, y donde se puede apreciar el aumento del número de peregrinos que llegan del Francés.

✓ Vía de la Plata: Camino que une Sevilla con Santiago, tiene su origen en distintas calzadas romanas que en el medievo aprovecharon los peregrinos. También tiene dos opciones: ir directamente con un total de 977 kilómetros pasando por Ourense, o llegar hasta el Camino Francés enlazándose en Astorga, ahí nos haríamos 1.237 kilómetros más o menos. En verano se llegan a temperaturas muy altas.

✓ Camino Primitivo: 307 kilómetros desde Oviedo hasta Santiago, como ya he comentado es el Camino más antiguo debido a que lo realizó el rey asturiano Alfonso II como primer peregrino de la historia y que tiene su estatua al lado de la catedral Ovetense. Camino duro, por montaña, pero de los más valiosos paisajísticamente hablando. Tampoco llega directamente, se une con el Francés en Melide a unos 14 kilómetros antes de Arzúa. Está menos concurrido y menos explotado que otros. Muy recomendable.

✓ Camino Inglés: Camino que usaban los peregrinos ingleses y de otras partes del norte de Europa que llegaban en barco hasta el puerto de A Coruña y en menor medida, al de Ferrol. Desde Ferrol nos haremos 119 kilómetros o, si decidimos comenzar en A Coruña, son 75. Importante recordar que, para recibir la Compostela, documento oficial que acredita que hemos realizado el Camino de Santiago, necesitamos andar los últimos 100 Km ó 200 Km en el caso de los peregrinos que vayan en bicicleta, enseñando nuestra Credencial de peregrino con los correspondientes sellos que iremos poniendo durante nuestro viaje, ya sea en los albergues que pernoctemos, en bares o restaurantes, ayuntamientos, etc. Por lo tanto, desde A Coruña no recibiríamos dicha Compostela por no llegar a 100 kilómetros.

Es un Camino con bellos paisajes, pero en el que se pisa demasiado asfalto, haciéndose más pesado para los pies y articulaciones. Está poco transitado y es muy tranquilo.

✓ Camino del Salvador: Es un enlace entre Caminos, une el Camino Francés con el comienzo del Primitivo, es decir, enlaza León con Oviedo. Era un desvío de los peregrinos del medievo para visitar a San Salvador en la catedral de Oviedo antes de llegar a Santiago, porque como rezaba un antiguo refrán:

"Quien va a Santiago y no va al Salvador visita al
criado y olvida al señor"

Camino espectacular que se puede hacer en seis etapas para hacerlo
más cómodo y que recorre unos 120 kilómetros por montaña con una
altimetría reseñable, ya que pasamos de los 850 metros sobre el nivel
del mar en León, hasta los casi 1.600 metros de altitud en el puerto de
Pajares, y bajando hasta los 350 metros de altitud en Oviedo. Un
"rompepiernas" que reconforta el alma si lo que buscas es perderte en
tu interior, paisajes preciosos y naturaleza salvaje, un regalo para los
sentidos.

Como curiosidad, un kilómetro antes de llegar al Puerto de Pajares, se
encuentra la Colegiata de Arbás del Puerto, en el pequeño pueblo que
comparte el mismo nombre; era un antiguo hospital de peregrinos y es
donde podremos estampar en nuestra Crendencial el sello más antiguo
del que se tiene constancia en todos los Caminos de Santiago.

✓

Camino de Finisterre: La extensión del Camino Francés que continúa
después de Santiago para llegar a lo que los Romanos denominaban el
fin del mundo, Finis Terrae (Fin de la Tierra). Son 88 kilómetros hasta
Finisterre que pueden ser 82 si decidimos ir a Muxía en el momento
en el que se separan los caminos perfectamente señalizados, que te
hacen elegir entre Finisterre o Muxía, aunque luego podremos ir de
uno a otro en una etapa de 29 kilómetros que los une entre sí.

Cuando llegamos a Finisterre recibiremos en la oficina de turismo del
pueblo el documento denominado La Fisterrana, al igual que en Muxía
nos darán La Muxíana, para acreditar que hemos llegado caminando,
en bicicleta, o incluso en caballo a dichos destinos de peregrinación.

Si el tiempo nos lo permite podremos presenciar en Finisterre un
atardecer espectacular, con una atracción digna de un lugar tan
místico.

✓ Camino Olvidado: El Camino Viejo de Santiago o Camino Olvidado es una ancestral y olvidada ruta jacobea que desde Pamplona (710 Km) y Bilbao (633 Km) avanza por el norte del Camino Francés hasta unirse a éste en Columbrianos, cerca de Ponferrada. El camino está hoy en día en fase de recuperación y son poquísimos los peregrinos que lo han recorrido.

✓ Camino Vadiniense o Ruta Jacobea por Liébana: Es otro de los denominados enlaces que une el Camino del Norte con el Camino Francés, comenzando en San Vicente de la Barquera (Cantabria) y finalizando en Mansillas de las Mulas (León). Se considera el más duro de todos los Caminos de Santiago en España debido a que cruzamos los Picos de Europa, llegando a una altitud máxima de 1.794 metros sobre el nivel del mar. En su tramo inicial coincide con el Camino Lebaniego, ruta secular de peregrinación al Monasterio de Santo Toribio de Liébana, donde los devotos podrán admirar la magna reliquia el Lignum Crucis, supuestamente el trozo más grande conocido de la cruz de Cristo.

✓ Camino Vasco del interior: Otro enlace que conecta Irún (Comienzo del Camino del Norte) con el Camino Francés en dos lugares diferentes dependiendo el desvío que elijamos: podemos ir a Santo Domingo de la Calzada (Unas nueve etapas) o a Burgos (Doce etapas más o menos, dependiendo cómo nos organicemos). El camino cruza la Sierra de Aizkorri por el singular túnel de San Adrián, un pasadizo natural ya utilizado desde tiempos inmemoriales.

✓ Camino de Baztán: Conecta la ciudad francesa de Bayona con Pamplona, también en el Camino Francés que, como podemos comprobar, es la principal arteria de canalización de peregrinos hacia la tumba del Apóstol. Se completa en cinco etapas y unos 110 kilómetros. Ruta medieval que se utilizaba para cruzar los Pirineos por el Puerto de Otsondo, de menos altitud que el Puerto de Ibañeta que pasaríamos desde Saint Jean Pied de Port cuando comenzamos el Francés y que en invierno tiene su variante para evitar riesgos debido a las inclemencias meteorológicas.

✓ Camino Aragonés: Ruta que conecta el Puerto de Somport en la frontera hispano-francesa con Puente la Reina (Navarra), de nuevo en el Camino Francés. Tiene su origen en el Camino de Arlés (Vía Tolosana), una de las cuatro grandes rutas de peregrinación y que es el Camino de Santiago más importante en Francia. Se puede completar en 6-8 etapas dependiendo de la capacidad de cada persona a la hora de hacer kilómetros.

✓ Otros Caminos: Siguiendo con los Caminos más alejados tenemos el Camino de Madrid que pasa por Segovia y Valladolid hasta Sahagún, donde continuaríamos el tan citado Camino Francés. Desde Alicante hasta Burgos nos encontramos con el Camino de la Lana, o desde Valencia el Camino de Levante que se une a la Vía de la Plata. A ésta se une el Camino Mozárabe que comienza en Almería o Málaga. El Camino Catalán comienza en Monserrat (Aunque desde Barcelona hay un camino para llegar hasta allí) con dos variantes: pasar por Huesca hasta el Camino Aragonés, o pasar por Lleida hasta el denominado Camino del Ebro que llega hasta Logroño. El Camino de Invierno es una variante del Camino Francés desde Ponferrada, que se recomienda si lo hacemos en esta estación del año ya que pasa por cotas más bajas y evitamos las cumbres del Cebreiro.

Por último, merece mención especial el Camino de Uclés, el único que no tiene como objetivo físico alcanzar la capital gallega, sino llegar hasta el monasterio de Uclés, en la localidad del mismo nombre en la provincia de Cuenca. Comienza en Madrid, concretamente en la Parroquia Santiago y San Juan Bautista en la Plaza de Santiago y durante unos 144 Kilómetros recorre localidades por el sureste madrileño y el noroeste conquense. Fue recuperado gracias al tiempo y el dinero de un peregrino, Manuel Rossi, que debido a su amor por el Camino de Santiago decidió señalizar con sus propias manos la distancia que hay entre la Parroquia de Santiago de Madrid y el Monasterio de Uclés siendo fiel en la medida de lo posible al recorrido original. Dicho Monasterio vio nacer en el año 1170 a la Orden de Santiago, una orden religiosa y militar creada por mandato del rey Fernando II de León, siendo su objetivo principal proteger a los

[19]

peregrinos que iban a Santiago y hacer retroceder a los musulmanes de la Península Ibérica.

Si quieres una amplitud más extensa de cada Camino recomiendo visitar www.gronze.com o caminodesantiago.consumer.es dos grandes guías que me han ayudado mucho en los Caminos que he realizado.

Destacaré, como ya he comentado con anterioridad, que cada año que pasa aumenta el número de peregrinos, las estadísticas no mienten, como muestra el siguiente cuadro de www.editoralcamino.com:

Año	Peregrinos	Año	Peregrinos	Año	Peregrinos	Año	Peregrinos
1972	67	1984	423	1996	23.218	2008	125.133
1973	37	1985	690	1997	25.179	2009	145.877
1974	108	1986	1.801	1998	30.126	2010	272.135
1975	74	1987	2.905	1999	154.613	2011	183.366
1976	243	1988	3.501	2000	55.004	2012	192.488
1977	31	1989	5.760	2001	61.418	2013	215.880
1978	13	1990	4.918	2002	68.952	2014	237.812
1979	231	1991	7.274	2003	74.614	2015	262.458
1980	209	1992	9.764	2004	179.944	2016	278.041
1981	299	1993	99.436	2005	93.924	2017	???
1982	1.868	1994	15.863	2006	100.377		
1983	146	1995	19.821	2007	114.026		

(En negrita se destacan los Años Santos Jacobeos, que se celebra cuando el 25 de Julio, día de Santiago, cae en domingo. El próximo será en el año 2021).

Si bien es cierto que hacer el Camino de Santiago es algo totalmente recomendable para cualquier persona, cabe recordar que se debe respetar el Camino, cada uno lo vivirá a su manera, sí, pero no se puede utilizar como una "moda", por eso quien emprenda este viaje tiene que saber que un peregrino no es un turista, porque un turista exige mientras que un peregrino agradece. Porque hay que cuidar el camino, tus huellas han de ser lo único que quede de tu presencia, y no tu basura. Has de cargar con tus escasas pertenencias materiales, porque sin carga eso se llama senderismo, no peregrinaje, por lo tanto, no caigas en tentaciones absurdas de empresas con el único ánimo de lucrarse para transporte de mochila, pues perderías una de las enseñanzas más importantes de ser un peregrino. Humildad. Respeto. Y saber agradecer toda ayuda recibida. Sin más ya estás listo para comenzar tu viaje, tu historia en el Camino, tu vida peregrina, una vida que da más de lo que te pide y que no te abandonará jamás.

NUESTROS CAMINOS, "NUESTROS CAMINOS"

Lo primero que debo de hacer en este apartado es explicar la diferencia que hago entre nuestros Caminos y "nuestros Caminos". Unas simples comillas pueden cambiar todo el significado de la misma palabra. Aquí me explayaré en nuestros Caminos, los Caminos de Santiago que he hecho hasta ahora, siempre acompañado de los pasos de mi compañera de viaje; mi novia, mi peregrina, la mujer con la que comparto mi vida y mi vida peregrina.

Porque hay que diferenciar entre nuestros Caminos, que son aquellos que hacemos, esos que son nuestros para siempre, los formados por los kilómetros que andamos, los momentos que vivimos, las experiencias que aprendemos, los lugares que visitamos, las personas que conocemos, las anécdotas que podemos contar, las sensaciones del momento presente, en definitiva, esos Caminos con fecha de inicio y fecha de finalización, con equis etapas intermedias. Esos son nuestros, no nos lo pueden arrebatar, porque lo vivido se nos queda para nosotros.

Por otro lado, escribo "nuestros Caminos", y si digo "nuestros" entre comillas es para hablar de los Caminos físicos, esos que solo nos pertenecen en el preciso instante en el que nuestros pies están en contacto con ese camino, ese sendero, ese asfalto, ese monte teñido de verde mientras pisamos las briznas de la hierba, ese secarral de arena en rectas infinitas, esa calzada de piedras erosionados por el paso del tiempo y huellas ancestrales, ese camino encharcado del agua de lluvia o por ese riachuelo que corre libre por su cauce, ese barrizal que ralentiza nuestros pasos... Una vez que abandonamos ese pequeño trozo de suelo que hemos pisado deja de pertenecernos, para dejarlo en las manos, o, mejor dicho, en los pies de los peregrinos que están por venir, al igual que los que lo anduvieron antes que nosotros nos lo dejaron de legado. Por eso no son nuestros, son "nuestros", porque forman parte de todos y cada uno de los peregrinos que estuvieron, están o estarán en ese mismo lugar, pisando el mismo terreno y formando parte de nosotros por un preciso y breve momento en nuestra vida, pero que se convierte en un momento infinito en la eternidad, un momento que deja una huella para la historia de la peregrinación.

> ## 1er CAMINO DE SANTIAGO. CAMINO DEL NORTE. AVILÉS-SANTIAGO.

Un 25 de julio de 2014, nuestra primera etapa, nuestra primera experiencia en el primer Camino no podía tener mejor fecha, destino o casualidad, como titula Melendi a una de sus canciones y aprovechando que estamos pisando tierra Astur. No sé, que cada uno piense lo que crea respecto a esa cuestión de fe hacia un lado u otro, pero algo quiso que un 25 de Julio, día de Santiago y festivo en toda España, fuera testigo de nuestros primeros pasos como peregrinos. Lo más importante es que cuando lo organizamos no éramos conscientes de qué día era, no lo hicimos a propósito, ni siquiera cuando lo estábamos haciendo, ya que un festivo en julio para alguien que siempre había tenido vacaciones en ese mes del año ni siquiera contaba como festivo, y para mí Santiago hasta ese momento no era más que una ciudad como otra cualquiera a la que había ido como turista ocho años antes pero que nada sabía en relación a lo que atraía como peregrino.

Pero sí, fuese el destino o una maravillosa casualidad, ese día comenzamos, mi novia y yo, nuestra andadura como peregrinos en Avilés (Asturias) ciudad cercana al mar y a unos veinticinco kilómetros al oeste de Gijón, a la que llegamos el 24 de julio por la tarde para dormir en el albergue de dicha localidad y poner nuestro primer sello del Camino.

Hacía mucho tiempo que quería hacer el Camino de Santiago, pero nunca me animaba, quizás por ese miedo a lo desconocido, y si este libro puede ayudar a los indecisos a recibir ese pequeño empujón para animarse a hacerlo, en mi caso fue ella; mi novia, la compañera de mi vida, mi peregrina, ella fue quien apenas dos semanas antes, así de repente, me lanzó la propuesta, propuesta que no tardé ni un segundo en aceptar. Así que dos semanas después allí estábamos en Avilés, con una mochila cargada con un sobrepeso material que ya explicaré más adelante, pero, sobre todo, cargada con una ilusión desbordante y un nerviosismo propio de algo nuevo que íbamos a afrontar.

Amanecía en Avilés un 25 de julio de 2014, el despertador sonaba a las seis de la mañana, aunque no sé para qué, apenas había dormido nada, siendo sinceros debido a una mezcla entre nervios, miedo a lo desconocido, y la incomodidad de dormir en un sitio diferente con personas que no había visto nunca. Para continuar con mi sinceridad debo decir que la primera vez que estuve en un albergue de peregrinos la desconfianza hizo mella en mí, al igual que un poco de reparo a la hora de tocar el colchón y demás inmuebles del lugar, sí, podemos llamarle asco si lo preferís. Ese albergue de Avilés no estaba mal, comparado con el resto que he ido viendo es un albergue normal, lo que necesita un peregrino, ni más ni menos. Pero claro, si nos ponemos en la piel de alguien que no sabe cómo funciona el peregrinaje es normal sentir todos esos sentimientos de rechazo hasta que pasa el tiempo necesario de adaptación natural y podemos acostumbrarnos.

Todo fue rápido; recoger, desayunar y saludar a una pareja de portugueses, que más adelante volveríamos a encontrarlos como suele pasar a menudo, y que además nos caerían muy bien, se les veía gente amable, sana, peregrinos de los de verdad. Nos colgamos la mochila a los hombros, nos la ajustamos como pudimos, aunque para hacerlo bien se necesitan kilómetros de experiencia como más adelante también iríamos aprendiendo, y emprendimos la marcha a las siete y diez de la mañana, con el alba en el horizonte, allí en lontananza donde el sol comienza a hacer su acto de presencia y sin ser conscientes aún del gran aprendizaje de la vida que nos daría el simple hecho, y a la vez complejo, de peregrinar a Santiago de Compostela.

Llevaríamos dos kilómetros escasos cuando nuestro cerebro, ese tan maravilloso pero a la vez tan autodestructivo si no sabemos controlar nuestra mente y desarrollar pensamientos positivos, hizo que el sentimiento más primitivo de supervivencia asomara sin permiso; hablamos del miedo, el miedo que nos sirve para actuar, huir o paralizarnos ante una amenaza y salvarnos, pero que no sabe diferenciar entre miedo real o irreal y que se apodera de nuestra mente a la mínima oportunidad que le damos ante situaciones de dudas. Ese momento de duda, y por lo tanto de miedo, se dio cuando debido al peso de la mochila (sobrepeso que llevábamos sin saberlo todavía) parecía una carga insoportable, algo que simplemente no podríamos superar. Los dos lo pensamos, pero ninguno lo dijo. Continuamos, paso a paso, pensando que no podríamos, pero rendirse no es una opción, controlamos nuestra mente y no dejamos de caminar. Tengo que decir que el peso de la mochila y la carga de kilómetros diarios se superan, el cuerpo humano es una máquina que sabe adaptarse a todo tipo de cambios físicos, sólo hay que aguantar el periodo de tiempo que necesita para esa adaptación, puede ser duro, pero se supera y se mejora, eso seguro.

Nuestra primera sensación en el Camino, y creo que puedo hablar por los dos, fue eso, ese miedo a no poder, ese peso insoportable que aplastaba nuestros hombros, porque es en lo difícil, cuando peor se ve todo, cuando mejor sienta el superarse y hacerse más fuerte.

Nuestro primer Camino de Santiago comenzaba un 25 de julio de 2014 y terminaba un 9 de agosto del mismo año, 16 etapas, 330 Kilómetros del Camino del Norte, desde Avilés hasta Santiago. El Camino del Norte sería el testigo de nuestro nacimiento como peregrinos.

Esa primera etapa que comenzamos en Avilés la terminamos en Soto del Barco, el siguiente albergue después del de Avilés estaba más lejos y decidimos no hacer muchos kilómetros el primer día, creo que fueron diecisiete, y lo mejor de todo fue que allí no había nada donde dormir; ni albergues, ni hoteles, ni camping, nada. Como explicaré más adelante nosotros siempre llevamos tienda de campaña, ya diré mis razones a pesar del peso extra, y ahí dormimos, en la tienda de

[27]

campaña en la parcela de una casa privada, previamente habiendo pedido permiso a sus dueños. Antes de eso casi finalizando la etapa yo ya me había dado cuenta que mis botas altas con las que suponía que eran las adecuadas para hacer el Camino, resultaron ser demasiado duras, demasiado incómodas y demasiado calurosas para el periodo veraniego que nos acompañaba por muy Asturias que fuera aquello. Ya no me las puse más, llevaba también unas zapatillas *running*, y así fui el resto del Camino, con el calzado que más me gusta y al que estoy acostumbrado por ese vicio sano que tengo de hacer deporte, pero eso sí, las botas las cargué todo el resto del viaje, así se aprende de los errores, cargando con el kilo de más que me aportaba cero beneficios físicos pero una experiencia que haría imposible que volviera a repetir esa equivocación. Error. Experiencia. Aprendizaje.

Nos despertamos con una humedad considerable en el ambiente, y frío, bastante frío para ser verano, pero gracias a eso recogimos más rápido la tienda e hicimos la mochila para comenzar nuestra segunda etapa. Soto de Luiña sería el lugar para dormir ese día, y ya en albergue, así que emprendimos la marcha siguiendo la señalización correspondiente, ya sea las flechas amarillas o bien ese mojón de piedra con su azulejo azul con la vieira amarilla que hay en las intersecciones para evitar despistes y equivocaciones. Cuando tenemos que seguir una concha, esté en un mojón o simplemente colocada en un muro hay que tener en cuenta que si estamos en Galicia deberemos seguir las puntas de la misma, mientras que en el resto de los Caminos hasta donde tengo constancia, tendremos entonces que seguir hacia donde apunte la parte trasera de la concha, es decir, al contrario de sus puntas. El motivo no lo sé, no he encontrado la causa de señalizarlo de una forma u otra según la zona en la que estemos, pero lo dejo como información.

Fue una etapa sin dificultades reseñables, amén de alguna ligera cuesta como suele ser habitual. Pronto llegamos a nuestra parada, al pueblo donde dormiríamos esa noche en nuestro viaje itinerante, una población con algún bar y restaurante, la típica tienda de alimentación de pueblo; ese ultramarinos que se está perdiendo pero que en muchos sitios resiste al paso del tiempo, y poco más, bueno sí, lo más importante para nosotros: un albergue. Estaba situado en las antiguas escuelas, un edificio mejorable, pero con sus camas, duchas y un lavadero para la ropa, ya está, no necesitamos nada más. Encima contaba con su terreno de césped fuera para poder tumbarte al sol y descansar, todo un lujo, es lo mejor de ser peregrino, todo te parece un lujo. Muy amable el hospitalero que dedicó un tiempo en explicarnos a todos los allí presentes la etapa del día siguiente y resolver dudas. Hospitalidad del Camino lo llaman, me iba acostumbrando a eso y me gustaba, la amabilidad no es tan habitual, aunque sea algo que debería existir con mayor asiduidad.

A la mañana siguiente llenamos el estómago para recargar energías y recogimos nuestro calzado de ese zapatero común que hay normalmente fuera de las habitaciones para que el oxígeno se mantenga en niveles óptimos para la vida humana, sí, exagero un poco, pero sigue siendo buena idea dejar los calzados de todos alejados de las estancias de dormir, es mucha la distancia que arrastran llenas de pies sudados y merecen airearse. Pues bien, a la mañana siguiente como iba diciendo continuamos escribiendo nuestra historia, y ahora tocaba llegar hasta Cadavedo, que en un principio nos acogería su albergue, pero no siempre sale todo como uno piensa, al igual que en la vida; cerrado porque había obras, lo estaban arreglando, no acogía a nadie. Improvisar. Había otro albergue, en este caso uno privado que aumenta un poco el precio, en vez de seis euros serían diez, pero al llegar estaba lleno… De nuevo improvisar. Buscando vimos que había un camping, y llevamos tienda. Perfecto. Su restaurante y su tienda de comestibles completaron lo que necesitábamos para vivir lo que quedaba del día. Y ¿Mañana? Mañana ya se verá, vivir el momento es el Camino, y eso hacíamos.

Ese "mañana" llegó. Desayunar, recoger y marcharse. Luarca

[29]

esperaba. Y como siempre pensando dónde comprar ese día, si va a haber opción al final de la etapa o si, por el contrario, hay que comprar antes y llevarlo a cuestas. A Luarca llegábamos, pero allí no nos quedaríamos, así que compramos de paso en un supermercado e hicimos un alto en el camino para comer; menú diario de diez euros de los que en teoría son para dos personas pero que en realidad pueden alimentarse cuatro, de los que me gustan a mí, ¡Qué bien se come en Asturias!

Casi siete kilómetros más nos esperaban hasta llegar a otro camping, el camping de Otur, y para más emoción a la nueva práctica de andar después de semejante menú, la lluvia hizo su aparición, mucho se estaba haciendo de rogar, así que ponchos fuera, de esos que tapan al peregrino y a su mochila, convirtiendo a una persona en un ser mitológico en apenas segundos, para más inri si lo mezclamos con esa escasa luz de los días de lluvia. Estampa digna de presenciar sin duda.

En el camping nos habilitaron una cabaña de madera al mismo precio que la parcela, gran detalle, porque por mucha tienda de campaña que lleváramos ese diluvio no lo aguantaba. Cabaña que compartimos con dos peregrinos catalanes, un hombre y una mujer que iban en bicicleta y que estaban haciendo el Camino de vuelta, ya habían llegado a Santiago y ahora lo hacían al revés. Intercambio de información, conversaciones amistosas, ratos con desconocidos que se convierten en cómplices de experiencia durante la fugacidad del momento.

A la mañana siguiente, ya sin la presencia de la lluvia, nos pusimos en marcha dirección La Caridad y su albergue de peregrinos. Desde el Camping de Otur donde pernoctamos eran unos 24 kilómetros, pero a mí ese día se me hizo especialmente largo, teniendo en cuenta que la considero una etapa normal, con una distancia aceptable. Quizás el cansancio estaba haciendo mella en nosotros. No hubo una altimetría muy destacada en picos de elevación o de gran desnivel, sin embargo, una vez pasado Navia, habiendo sellado nuestra credencial en su ayuntamiento, y, cruzado el río del mismo nombre por un majestuoso puente coronado por diversas banderas, los últimos diez kilómetros se me hicieron largos, demasiado largos. Momentos que crees que ya vas a llegar pero que sigues viendo camino, que cuando parece que vas a girar y ya, ahí va a estar, pues no, vuelves a ver mucho camino por delante. Momentos en los que el que esté más fuerte tira del carro, dando el empujón necesario al otro para continuar.

No puedo pasar de lado la caída que tuve ese día, porque nadie está a salvo de un accidente en cualquier momento; en un camino ancho, de tierra, en lo que vislumbro de lejos un cartel con señales del Camino, mientras lo leo con el cien por cien de mi atención puesta en lo que tenía que decirnos, sin darme cuenta del pequeño bordillo que formaba la tierra, tobillo que se tuerce, mochila que desequilibra con su peso, y el suelo que se fue acercando hasta aterrizar de bruces con todo mi peso sobre él. Ahora me río, pero en su momento, y sin llegar a hacerme daño, una lesión puede dejarte sin Camino y eso son palabras mayores, así que ahí aprendí una nueva y valiosa lección: nunca pierdas de vista dónde pones el pie.

Como iba diciendo antes de mi absurda caída, esos últimos diez kilómetros se hicieron eternos, pero al final todo llega y el albergue de La Caridad aparecía ante nuestros ojos como un oasis en el desierto, deseando llegar entramos en él. Tan sólo dos camas libres quedaban y estaban muy separadas. La tienda de campaña volvió a hacer acto de presencia. Preferimos pagar para usar las duchas y demás servicios tales como el lavadero para la ropa o el baño, pero quedarnos fuera justo al lado, a la sombra de un árbol, a la ribera de un riachuelo, y así dejar las dos plazas que aún quedaban libres para otros peregrinos que llegaran tras nosotros.

En ese pueblo volvimos a encontrarnos con la pareja de portugueses que habíamos conocido en nuestro primer día, nos contaron que estaban algo resfriados y pasaron la noche en un hostal. Pareja peculiar, de unos sesenta años, de tamaño menudo, pero que se les veía muy en forma para contar cada uno unas sesenta primaveras.

[31]

Vamos que podría firmar ahora mismo el estar así con esa edad.

Algo que nos sorprendió gratamente a la par que nos extrañó fue el hecho de encontrarte con alguien al que en realidad no conoces de nada, pero que al volver a ver de una etapa a otra te llevas una alegría inexplicable, sobre todo si no te esperas verlo, y es ahí donde reside el espíritu del Camino, no conoces casi nada de la otra persona, pero lo único que conoces es lo que os une, porque ambos sois peregrinos, ambos sufrís lo mismo, sentís lo mismo, lucháis lo mismo, lleváis la misma carga material, y eso une mucho. Es como una especie diferente dentro de un mundo aparte.

Nuestra sexta etapa nos haría dejar Asturias para adentrarnos en tierras gallegas, nuestro destino era Ribadeo, y había dos opciones para llegar hasta allí: una oficial por el interior pasando por Tol, y su variante por la costa pasando por Tapia de Casariego, localidad marinera con un precioso puerto pesquero y una playa espectacular a la salida del mismo. Elegimos la segunda opción, ya que queríamos aprovechar al máximo las vistas al mar y a partir de Ribadeo nos iríamos alejando de la costa. Este día fue para mí un calco del anterior, primera parte de la etapa en perfecto estado, tanto físico como anímico, pero una segunda parte que se me hizo eterna, sobre todo gracias a la monotonía del camino desde Tapia de Casariego hasta Ribadeo, pasando por carreteras infinitas bordeadas por campos de maizales. Por no hablar del sol de justicia que nos hizo ese día. Fue el punto de inflexión en nuestras preferencias meteorológicas. Después de haber tenido de todo en esos primeros seis días, llegamos a la conclusión que el mejor tiempo para andar es un día nublado, sin lluvia que molesta mucho e incomoda llevar el poncho y acabar con los pies calados, y sin sol, aunque sé que a muchas personas les encanta caminar con el astro dándoles calor, pero a nosotros lo único que nos ofrece es un agobio y un agotamiento extremo, que hace que acabemos exhaustos.

Después de ser consciente de la cantidad de maíz que se cultiva en Asturias y de soportar los rayos del sol en la nuca durante dos horas,

[32]

por fin se vislumbraba el puente sobre el río Eo al fondo. Tan solo nos restaba cruzarlo y ya entraríamos en Galicia. A la derecha nada más cruzarlo quedaba el albergue de peregrinos, un pequeño albergue que nos recibió sin plazas libres, pero siguiendo la misma pauta que el día anterior, nos quedamos fuera en la tienda de campaña sobre un maravilloso césped y pagamos para usar el resto del servicio que hay a disposición del humilde peregrino.

Ribadeo será recordada en mi mente por sus espléndidas vistas a la ría, un menú con su potaje gallego incluido, y por mi visita a la farmacia debido a un percance intestinal sin importancia que hizo que tuviera que comprar un bote de dimensiones no recomendadas para el caminante peregrino y que añadía un poco de peso extra a la, ya de por sí, sobrecargada mochila.

Al día siguiente nos despedía la primera localidad en darnos la bienvenida a Galicia con un tiempo muy agradable, algo nublado, pero sin frío y sin lluvia, y, sobre todo, sin ese sol abrasador que nos hizo caminar arrastrando los pies entre esas rectas interminables de maizales la etapa anterior, caminantes, sí, pero como figurantes en *The Walking Dead*.

Y para continuar con el símil de la famosa serie de zombis, la etapa que comenzamos en Ribadeo terminaría finalmente en una pequeña parroquia (así se denominan en Galicia a las poblaciones de menor tamaño que un Concello, en la división administrativa, es decir, un Concello está formado por varias parroquias) llamada San Xusto, con su albergue que funcionaba con donativos y que bien podría haberse sacado de un decorado de grabación de algunos de los capítulos de tan aclamada obra post-apocalíptica. En resumidas cuentas, nadie lo mantenía, nadie lo limpiaba para tenerlo con un mínimo de habitabilidad humana y nadie se hacía responsable de la variada fauna que allí residía; mosquitos y chinches campaban a sus anchas entre sus muros. Bendita tienda de campaña que llevo a cuestas.

[33]

Había sido una etapa algo larga, pero sobre todo pesada por los continuos desniveles y no nos apetecía nada continuar cinco kilómetros añadidos a los que ya llevábamos para alcanzar el siguiente albergue de peregrinos. Decidimos quedarnos ahí, pero plantamos la tienda fuera en un patio que tenía el edificio, unas antiguas escuelas donde antaño correteaban y jugaban niños, pero que ahora los insectos les habían cogido el relevo, y donde la flora exigía su espacio, conquistando palmos de terreno cada día que pasaba.

Creo que no me he duchado con más asco en mi vida. Una prueba más del Camino que te hace valorar las comodidades habituales de las que disponemos y que nunca prestamos la atención que se merecen. Allí volvimos a encontrarnos con la pareja de portugueses y conocimos a un alemán que, cuando llegamos, dormía plácidamente en uno de los colchones del albergue, sin ser consciente que entre sus costuras había toda una comunidad de chinches esperando a su víctima. Acabó con los brazos como si de un colador se tratase, y colorados como los techos, esos que estaban echados de gotelé a base de sangre de mosquito espachurrado, esa sangre que con anterioridad habían succionado a algún otro peregrino imprudente.

Esa noche compartimos el momento de la cena con los portugueses y ese alemán comido por las chinches en el único bar que había en el pequeño pueblo, llevado por unas personas un tanto cerradas, ya que me costaba entender su castellano, pero que se convirtió en un gran momento entre cinco peregrinos de diferentes países, que intentábamos comunicarnos en la medida de lo posible debido al distanciamiento lingüístico, y que nos acercó a las denominadas "cenas comunitarias" tan recomendadas entre las personas que han hecho el Camino, y que crea un vínculo especial entre los peregrinos. Una tortilla francesa y un refresco fueron nuestro sustento hasta la mañana siguiente, algo humilde, sin necesidad de lujos, el Camino en mayúsculas.

A la mañana siguiente y tras dormir plácidamente en nuestra tienda de campaña sin más acompañamiento que el uno del otro, sin insectos al acecho, partimos dirección Mondoñedo, un pueblo con más de dos mil habitantes y que fue una de las siete capitales de provincia del antiguo Reino de Galicia, con todos los servicios necesarios como tiendas de alimentación o restaurantes. El albergue estaba reformado, limpio, administrado por la Xunta de Galicia con un precio unificado de seis euros y al ser los primeros en llegar tras una etapa corta desde San Xusto tuvimos que pedir las llaves del mismo a la Policía Local, que nos abrió y pudimos ducharnos y descansar un poco antes de buscar un lugar para comer. Encontramos el que para mí ha sido uno de los mejores sitios donde hemos comido en los Caminos de Santiago que hemos realizado, el restaurante A'Tasca, por su relación calidad-precio y por el trato de la dueña del establecimiento, por ser comida casera de verdad a un precio de, quiero recordar, ocho euros por persona con sus dos platos, postre también casero, bebida, y café, amén de un obsequio que nos dio al salir; una bolsa a cada uno con un sándwich, una pieza de fruta y un zumo por ser peregrinos. Sin duda cuando se habla de la hospitalidad del Camino nos referimos a ese tipo de tratos.

Culturalmente hablando cabe destacar la catedral de Mondoñedo, una basílica con base románica y ampliaciones barrocas que data del siglo XIII.

Mondoñedo nos despedía con precipitaciones, y esa lluvia no nos abandonaría en toda la etapa, aunque por lo menos sería corta y fácil, con alguna subida pronunciada, pero, por suerte, nos resguardó un poco la frondosa vegetación evitando que se embarrara demasiado el camino haciendo más amena la subida. Nos colocamos los ponchos y apretamos el paso. Apenas paramos una vez para comer algo debajo de unos árboles, al lado de un pajar donde algún lugareño almacenaba material de agricultura con escaso uso desde hacía mucho, el polvo se iba adueñando poco a poco de todo lo allí presente, incluido un tractor que descansaba sufriendo el paso del tiempo cuyo motor no volvería a

[35]

rugir por esos campos.

Fue una de las etapas más cortas y rápidas que hemos hecho nunca, a las doce de la mañana y, cuando pensábamos que todavía nos faltaba un trecho por recorrer, giramos a la izquierda por una intersección del mismo camino que llevábamos andando en línea recta durante un buen rato y al final vimos el albergue en el pequeño pueblo de Gontán. Sus puertas abrían a la una del mediodía, así que esperamos en su porche con los pies encharcados durante una hora, allí sentados, mirando la lluvia caer y esperando la llegada de otros peregrinos que aparecían con cuentagotas. ¡Qué bien sienta llegar a un refugio después de una jornada de caminata bajo la lluvia y el viento! Allí sentados con los pies mojados y lo único que sentías era alegría, valorando el tener hoy también un lugar donde dormir y resguardarte del agua que arreciaba sin pudor.

Allí coincidimos con un padre y su hijo de unos ocho años que conocimos a la salida de Ribadeo, lugar desde donde comenzaron su peregrinación. También con otros peregrinos; un grupo de cinco a cada cual más falto del espíritu del Camino y que evidentemente preferí no mantener conversación alguna, porque, aunque no es bueno juzgar a los demás, en ese caso no hacía falta, ellos solos se delataban con su actitud egoísta y competitiva, esas compañías mejor evitarlas, y más como peregrino, ya que lo único que conseguirán es empañarte tu experiencia peregrina, ensuciar tu conducta y destrozar el Camino.

Salimos de Gontán al día siguiente con un tiempo que comenzaba a respetarnos, esperando que se pudiera secar la ropa que llevábamos colgada de la mochila para tenerla a nuestra disposición en la siguiente etapa. Proseguimos la pequeña carretera local hasta desembocar, cual riachuelo afluente de su río principal, a la Nacional 634, carretera que discurre a nuestra vera en gran parte del Camino del Norte. Fue una etapa sencilla, con escaso desnivel. Recuerdo cruzar el río Abadín por una bonita pasarela de madera construida para facilitar el paso del peregrino y cruzar un par de veces por pasos inferiores la

[36]

flamante autovía A-8, otra afín a este Camino durante gran parte de su recorrido, salvándola en repetidas ocasiones, ya sea por pasos elevados o por túneles inferiores.

Tras veintitrés kilómetros llegamos al albergue de Vilalba; un edificio de nueva construcción con una línea muy moderna que estaba al lado de un parque de bomberos. El pueblo se quedaba a dos kilómetros más adelante, así que esa noche cenamos un mísero sobre de sopa para los dos que habíamos comprado el día anterior en una diminuta tienda de comestibles en la aldea de Abadín. Después de andar tanto hay que priorizar, y en ese preciso instante no entraba en nuestros planes hacernos cuatro kilómetros más entre ida y vuelta para comprar la cena. En efecto, pasé hambre, de ahí que al finalizar el Camino perdiera diez kilos de peso… Aunque es cierto que si se organiza bien no tienes porqué pasar hambre ni mucho menos, pero a veces tus planes no siempre salen como tu deseas.

Otra enseñanza añadida del Camino, supervivencia, adaptación a lo que tienes, y no pasa nada por estar una noche con hambre, de eso no te vas a morir, pero sí que vas a valorar cuando llegues a tu casa y tengas comida a tu disposición cada vez que vayas a la cocina y abras el frigorífico, algo que ni nos paramos a pensar en el día a día.

Cuando el alba despuntaba en el horizonte, con las cosas recogidas y las mochilas ajustadas, comenzamos a recorrer los dos kilómetros de una larga recta interminable hasta llegar a Vilalba, ahí supimos que habíamos acertado con pasar hambre la noche anterior, no merecía la pena cargarnos de esos cuatro mil metros de distancia para comprar nada. Ya en Vilalba seguimos las conchas metálicas que estaban incrustadas en la acera para poder salir de la localidad, no sin antes pasar al lado de su monumento más significativo; la octogonal Torre de los Andrade que data del siglo XV y es la única parte del antiguo castillo feudal que continúa en pie.

La jornada transcurría tranquila, por caminos de tierra, otrora por caminos asfaltados de carreteras locales entre aldeas que, sin duda, habían vivido tiempos mejores, o por empedrados bajo esa tenue neblina característica de los bosques gallegos.

Finalmente, la etapa nos llevó a un pequeño pueblo llamado Baamonde con su gran albergue de casi cien plazas, restaurado sobre un edificio desusado y envejecido que así podría dar un uso importante en su historia en el Camino.

Para comer elegimos un menú de diez euros en el restaurante de una gasolinera que estaba a las afueras del pueblo, a unos escasos cientos de metros, que hizo saciar nuestro apetito voraz, con sus dos platos y su postre. No puedo dejar de lado cuando íbamos de vuelta al albergue y nuestra curiosidad se despertó al ver una talla de madera dentro del hueco de un árbol, junto a una pequeña iglesia con tres cruceros o *cruceiros* de piedra, una cruz muy característica que nos acompaña en muchas zonas del Camino, en los lugares más recónditos, desde pueblos hasta encontrarlos en medio del monte, por ejemplo.

Esa figura había sido tallada en madera por un vecino de Baamonde llamado Víctor Corral, un escultor que tenía una casa-museo, casa que él mismo había hecho al igual que un sinfín de tallas de todos los tamaños y temáticas, fabricados en madera o piedra y que decoraba cada rincón de su jardín. Vivía solo. Algunos lo tacharán de loco, pero él era feliz haciendo eso, y cuando uno se dedica a lo que le hace feliz es lo más sano y cuerdo que puede hacer en la vida, por raro que le pueda parecer a los demás. Era un hombre muy peculiar, "seguidme por aquí" no dejaba de repetir una y otra vez para enseñarnos, a modo de visita guiada, toda su colección, y para más inri no cobraba a sus visitantes, no había ánimo de lucro en sus obras, y eso forma parte del espíritu del Camino. Resultó ser un momento muy agradable visitar su casa-museo, siempre es recomendable conocer a personas tan diferentes e interesantes, aprendiendo lo mejor de cada uno.

La próxima etapa sería una de las más cortas en distancia que hemos realizado, unos quince kilómetros nos separaban del albergue de peregrinos de Miraz, gestionado por la *Confraternity of Saint James,* que es la mayor asociación inglesa de amigos del Camino, un lugar muy recomendable, con unos hospitaleros que transmiten muy bien ese espíritu del que tanto nos hacemos eco de puertas para afuera cuando se habla de realizar el viaje itinerante de peregrinar a Compostela. Si decidimos terminar la etapa tan pronto fue debido a que el siguiente punto para hospedarnos como peregrinos nos alargaría la jornada en un total de cuarenta y un kilómetros, demasiado para la mayoría de los mortales y, por supuesto, demasiado para nosotros, que queremos disfrutar el Camino, no devorar metros sin sentido como si de una absurda competición se tratara.

Como llegamos pronto al albergue y aún no habían llegado los encargados de abrir e inscribir a los peregrinos nos sentamos junto a la puerta a esperar. Poco tiempo estuvimos sin compañía, ya que enseguida llegaron un grupo de unos seis chicos y chicas que rondarían por poco la mayoría de edad, comenzando un intercambio inmediato de palabras, que condujeron a una conversación típica de personas que se conocen haciendo el Camino. Para aprovechar el tiempo que quedaba para que abrieran el albergue se sacaron una baraja de cartas un tanto peculiar, una especie de juego de rol en el que tenía la sensación que ni en un millón de años entendería todas sus reglas. Eran de Alcalá de Henares, un municipio madrileño, y podría decirse que eran un poco *frikis*, pero ¿Quién no lo es en cierta forma en lo que le gusta? La verdad que me cayeron muy bien, y llevaban un aura de positividad que me gustaba mucho, transmitían felicidad y alegría, algo siempre de agradecer.

También conocimos ese día a dos amigos catalanes y, a una mujer de Lugo que estaba haciendo el Camino ella sola y que por momentos parecía estar en trance, ese tipo de personas que lindan entre los límites de la felicidad y la escasez de cordura, pero que también transmiten una sensación de bienestar para con los que los rodean.

[39]

Tanto a los dos chicos catalanes como a la peculiar gallega los veríamos ya el resto de días que nos faltaban hasta terminar nuestros pasos frente a la catedral de Santiago.

Después de comer un bocadillo en un humilde bar dimos un paseo por la pequeña parroquia, viendo su curioso cementerio que estaba haciendo esquina en una intersección de la calle, abierto, sin vallas que delimitaran su espacio, y después charlando sobre la vida en un pequeño parque cercano. Quizás la cercanía del cementerio ayudó a esa conversación tan profunda. Bonitos y emotivos momentos. Porque lo que no puedes pagar con dinero es lo más valioso en nuestra vida.

Continuamos nuestro viaje, despidiéndonos de un gran lugar como el albergue de Miraz, para llegar, tras veintiséis kilómetros de pisadas sobre el asfalto de carreteras locales y senderos de tierra empolvando nuestras suelas, hasta el majestuoso monasterio de Sobrado dos Monxes. El monasterio cisterciense de Santa María, de fundación medieval que data del año 952, y cuyos monjes de dicha orden cisterciense habilitaron un espacio para la acogida de peregrinos, se ha convertido en uno de los lugares con mayor espectacularidad de todos en los que he pernoctado.

Pero antes de alcanzar tal magnífico edificio la etapa nos ofreció ascender a un collado, justo en la frontera política donde limitan las provincias de Lugo y A Coruña, para llegar al punto máximo de altitud de todo el Camino del Norte, unos modestos 707 metros sobre el nivel del mar.

Tampoco puedo dejar de recordar las maravillosas vistas con que nos deleitaba el descenso desde ese collado hasta Sobrado dos Monxes. Montes verdes. Árboles. Prados. Bosques llenos de vida. A cada paso nuestros pulmones se llenaban de aire puro, limpio de la contaminación de las grandes urbes. Un regalo para nuestros ojos y para la salud de nuestro sistema respiratorio.

[40]

En uno de los bosques en los que nos adentramos pudimos presenciar una gran concentración de ranas. Era un bosque muy cerrado en el que apenas traspasaba la luz del sol, y una espléndida charca llena de hojarasca, musgo y nenúfares era el sitio perfecto, las condiciones necesarias para el bienestar de estos anfibios que no paraban de croar, creando un sonido melodioso y cautivador. Tengo una fotografía visual en mi mente de aquel lugar, de esos que no se olvidan por mucho tiempo que pase.

Una vez abandonado ese bosque, recibiendo de nuevo la claridad del día, pudimos contemplar un lago que había en el centro de una llanura de pasto y, al fondo, el enorme Monasterio, un edificio muy llamativo por sus dimensiones y por lo escuetas que eran en las construcciones contiguas.

Volvimos a ver, ya en el monasterio, a ese padre con su hijo que conocimos a la salida de Ribadeo y que nos encontramos en repetidas ocasiones, tanto por el camino como en los albergues, pero con la diferencia de que ya el niño no aguantaba más, a pesar de que su padre llevaba la mayoría de la carga de la mochila, y tenía las piernas enrojecidas del roce, de hecho cuando les vimos antes de llegar al monasterio el niño campaba a sus anchas en calzoncillos para evitar que los pantalones siguieran haciéndole daño en las rozaduras de las piernas, las necesidades primarias destacan frente a las vergüenzas y tabúes.

Entramos al monasterio para inscribirnos, nos pusieron el sello correspondiente en nuestra credencial y el señor de la puerta nos enseñó la zona del monasterio que tenían abierta para los peregrinos, además de las estancias donde dormiríamos esa noche.

Era un lugar con mucho encanto, tan bello por dentro como lo era en sus muros exteriores. Sus columnas, el típico claustro ajardinado con su fuente presidiendo el centro del mismo, las dependencias con varias literas, las zonas comunes como la cocina o los servicios, todo metido

[41]

en ese retroceso de varios siglos que suponía el entrar allí.

Por último, nos invitó a asistir por la tarde a un recital de cantos gregorianos que los propios monjes de clausura realizaban en una sala en penumbra, escasamente iluminada con velas y con ese sonido embriagador de las voces al unísono que formaba una imagen lo menos curiosa, pero de esas experiencias que se quedan grabadas.

Esa tarde yo no me encontraba muy católico, a pesar del lugar en el que nos encontrábamos, ya que después de comer noté un malestar, una mezcla de cansancio con algo que habría comido y que me sentaría mal hicieron que estuviera tumbado en la cama hasta bajar a presenciar los cantos de los monjes, y que arrastraría durante los dos días siguientes. Como ya he dicho antes, el Camino resume todas las situaciones cotidianas, no todo es bueno, también se sufre y te pueden pasar cosas así, somos personas, simples mortales que han de disfrutar el momento vivido.

Los dos amigos catalanes también estaban en el monasterio, fue allí donde intercambiamos más palabras con ellos como para poder llamarlo una conversación. La mujer de Lugo apareció de repente, de hecho, según nos dijo ella pagó, pero luego se fue a dormir a no sé dónde... una persona excéntrica donde las haya. Posiblemente se iría cuando se oyeron los rumores de que los baños eran compartidos, por raro que pueda parecer y con mayor motivo siendo un lugar tan religioso, era cierto que existían algunos baños mixtos, pero la mayoría eran divididos en mujeres y hombres como en el resto de los albergues o campings que hemos pisado. Otra anécdota para sumar a nuestra experiencia peregrina.

Proseguimos nuestro viaje Quijotesco donde vivíamos la vida a nuestra manera, que al igual que en el del Hidalgo de la Mancha, nos acompañaban gigantes, molinos de viento gigantes pero actualizados al siglo XXI; aerogeneradores con hélices enormes agrupados en parques eólicos que forman parte del paisaje durante gran parte del recorrido Jacobeo y que intentan aprovechar la energía que nos regala la naturaleza para evitar que sea ésta la víctima de nuestros excesos.

Nuestros pasos nos llevan de manera inevitable a la intersección del Camino del Norte con el Camino Francés. Arzúa era el lugar donde acabaríamos la etapa y en cuyas calles se une el tropel de peregrinos provenientes de la ruta Jacobea más concurrida. A modo de ejemplo podríamos decir que es como ir en coche por una carretera local y entrar en una autovía, sobre todo si tenemos en cuenta que era agosto. Antes de encontrarnos con esa marabunta de personas con mochilas la etapa fue sencilla, sin demasiado desnivel, pasando por pequeños pueblos y aldeas, con sus característicos cementerios antiguos envueltos en un halo de misterio, prados llenos de vacas u ovejas pastando con una nube de moscas sobrevolando sus cabezas, e intercambiando adelantamientos con los peregrinos ya conocidos de días anteriores.

Llegar a Arzúa fue un caos. De repente nos vimos sin sitio para dormir, a pesar de la enorme oferta que tiene de alojamiento, todo estaba lleno, albergues públicos, albergues privados, incluso hostales colgaban el cartel de "completo". Cabe recordar que el Camino del Norte es el tercero con mayor afluencia de peregrinos, pero aun así fue un aumento tan desproporcional al juntarnos con el Camino Francés que nos vimos sobrepasados, no nos esperábamos tanta gente ni por casualidad.

Tal es el exceso de demanda que el ayuntamiento habilitó el polideportivo para que pudiéramos dormir dentro, sobre las colchonetas tan comunes en clases de educación física en los colegios, como sobre nuestras esterillas.

Ese día yo seguía con mi malestar y basta decir que ni cené, quien me conoce sabe perfectamente que si no quiero comer nada es porque estoy malo de verdad. Por lo demás, recuerdo que un grupo que venían de Málaga llenaban el polideportivo casi ellos solos. Era una

[43]

Diócesis religiosa con su guitarra incluida y sus cantos de iglesias haciendo coro al unísono. El típico grupo que llena albergues y hace los últimos cien kilómetros del recorrido, justo para recibir la Compostela. Seguramente sobrepasaban las doscientas personas, más parecido a la calle Preciados de Madrid una tarde de Navidad que a un Camino de Santiago.

Amanecíamos en ese polideportivo lleno de gente, como si de una comuna hippie se tratase, para iniciar la penúltima etapa de nuestro viaje. De Arzúa a O Pedrouzo, casi veinte kilómetros por pistas forestales y bosques en su mayoría, una etapa bonita y agradable de no ser por el acompañamiento constante de personas; ya fueras más rápido o más despacio, o te adelantaba alguien o eras tú quien aceleraba el paso para no entorpecerte los más lentos. Una sensación de agobio cuando lo que tenías que adelantar por un sendero estrecho eran doscientos malagueños con su guitarra y una cruz de dos metros que llevaba el primero de la fila. Parecían un regimiento del imperio Romano, tan solo les faltaba las siglas SPQR en lo alto del crucifijo de madera.

Ahí fue cuando descubrí que el Camino de Santiago es más puro cuanto más te alejas de Santiago, por raro que pueda sonar así de primeras, aunque parezca una contradicción en sí misma, pero ya cuando ves al lado de un bar un puesto de venta de *merchandising* con productos del Camino… lo siento, pero no. Esa comercialización del Camino no me gusta, y no digo por ello que esté en contra de comprar una vieira, un imán para el frigorífico con una flecha amarilla o la típica camiseta de unos pies dibujados lleno de tiritas con la frase "Sin dolor no hay gloria". Pero cuando empiezas a ver ese tipo de negocios es cuando te das cuenta que para ti el Camino es una cosa y para mucha gente de la zona no es más que la oportunidad de hacer negocio, y eso no me agrada, lo respeto, pero prefiero vivir la experiencia del Camino lejos de Santiago, y siempre dejando claro que es una ciudad maravillosa, que te llena de emociones cuando vislumbras la catedral a lo lejos y cuando paseas por sus calles hasta plantarte delante de ella siendo consciente del logro personal que ha supuesto alcanzar ese objetivo físico.

Llegados a O Pedrouzo recibimos lo mismo que en Arzúa, todo lleno y al polideportivo que nos dirigimos para volver a dormir en las colchonetas y escuchar esos acordes religiosos de la Diócesis. Último día que estuve con las dolencias estomacales y como seguía con pocas ganas de aguantar a tanta gente decidimos abrir la tienda de campaña y aislarnos dentro. Seguíamos dentro del polideportivo, pero dentro de un aura de mayor tranquilidad, porque cuando llevas casi dos semanas viendo a tan pocas personas te acostumbras al silencio y a la soledad. Tener tanta compañía de repente no fue agradable, no es que me moleste la gente, pero necesitaba un periodo de adaptación para estar rodeado de tantas almas armando bullicio.

Ese cambio de la soledad a la muchedumbre en demasía, unido al malestar que arrastraba durante días, hizo mella en mi carácter, estaba cansado de tener que soportar de nuevo tal número de personas apiñadas en espacios reducidos y estallé. Otro de mis aspectos negativos es que cuando algo no me gusta se me nota demasiado, no lo puedo evitar, aunque poco a poco intento controlar mi mente y mis impulsos para llevar un autodominio necesario para la ansiada paz mental, pero en esa ocasión y en otras muchas durante ese Camino acabé enfadado, y claro, lo paga quién está más cerca de uno. Si bien es cierto que con el paso de los Caminos he notado una madurez que ha ido en aumento, soportando mayor nivel de estrés y controlándome antes de llegar a ese punto.

Sentía que necesitaba libertad y soledad, que para eso llevaba la tienda de campaña, lo que pasa que fuera llovía a mares y estaba enfadado por la impotencia de no poder usarla sin lugar donde resguardarnos, no porque creyera que llevaba razón, pero de todas formas no me apetecía para nada seguir otra noche en un polideportivo rodeado de tantísimas personas y que, para colmo, no todas eran el ejemplo

[45]

perfecto del peregrino modelo. Vuelvo a repetir que en los últimos cien kilómetros necesarios para recibir la Compostela se concentran una cantidad ingente de los denominados *"turigrinos"* que son aquellos peregrinos que hacen el Camino por "modas", por un turismo barato y que incluso van sin mochila, llevándoselas un servicio de transporte de alguna empresa con ánimo de lucro. Eso no es la esencia del Camino, y de eso me di cuenta yo en mi primer Camino, siendo un novato que no conocía esos valores pero que daba por hecho que esa gente no me representaba como peregrino en absoluto.

Así de esta manera llegó el día en el comenzamos nuestra última etapa. Santiago esperaba y la lluvia respetaba nuestros últimos pasos. Caminando por pistas forestales rodeados de enormes árboles y tierra húmeda debido al agua que cayó los días pasados. Tan sólo el tramo inicial fue por bosques, después nos esperaban zonas industriales, el aeropuerto de Santiago pasando al lado de su perímetro y áreas urbanísticas.

En la altimetría tan solo destaca la subida al Monte do Gozo, de desnivel suave y prolongado pero que ascendimos con ilusión, con pasos acelerados para ver, según habíamos escuchado por ahí, la catedral desde lo alto del monte. Nosotros no la vimos, no sé muy bien el porqué, quizás algo de nubosidad, pero allí sentados al lado del monumento conmemorativo de la visita del Papa Juan Pablo II en el año 1992 no vimos la tan ansiada imagen de las torres de la catedral de Santiago, todavía nos quedaría esperar unos cinco kilómetros más para adentrarnos de lleno en la plaza del Obradoiro.

Un poco antes, en las afueras de la ciudad, nos hicimos una foto en el cartel grande en letras de color rojo con la palabra "SANTIAGO", puesto en una rotonda y que ya señalaba que nuestro objetivo físico se encontraba a pocos minutos de distancia.

Tras callejear por su impecable casco antiguo, uno de los mejores conservados de Europa, las conchas que señalizaban nuestra dirección nos acercaban de manera inmediata al final de nuestro Camino. Son momentos muy emotivos. Son sensaciones inexplicables. Pero cuando estábamos a punto de entrar bajo los arcos que dan acceso a la plaza del Obradoiro y, por lo tanto, vernos cara a cara con la fachada de la catedral, nuestros pasos deceleraron; era algo extraño, deseando llegar para cumplir tu objetivo, pero a la vez con miedo a que esa experiencia tan maravillosa terminara. Fin de un Camino. Comienzo de otro.

Comenzamos a ir más despacio, como saboreando el momento, nos cogimos de la mano y nos adentramos por el arco de entrada a la plaza, bajo el manto de esa melodía tan característica de Galicia, ese sonido tan místico de las gaitas que te llena de emoción y melancolía.

Lo habíamos conseguido, el objetivo físico estaba cumplido, ahí estábamos, parados en frente de tan majestuosa obra arquitectónica contemplándola y asumiendo desde ese momento todas las enseñanzas que nos había regalado el vivir esa experiencia. Valorando mucho el esfuerzo que habíamos hecho, todos los momentos vividos pasan por tu cabeza, todos, los buenos y los no tan buenos, esa superación que hace que te sientas orgulloso, esa humildad que te ha enseñado a vivir con lo justo y necesario haciéndote ver que no necesitas nada más, que es muy fácil ser feliz.

Ya sólo quedaba reunirme con mis padres que habían ido a buscarnos a Santiago como siempre hacen cuando acabamos algún Camino e ir a hacer la cola de espera para recibir la tan ansiada Compostela en la oficina del peregrino, a escasos metros de la catedral. Por supuesto también entrar en la catedral, aunque sin la mochila ya que está prohibido, y bajar al sepulcro donde, supuestamente, descansan los restos del Apóstol Santiago el Mayor, mirarlo durante los pocos segundos que permaneces delante y pensar con satisfacción: "Lo he logrado".

En ese momento da igual que seas creyente o no, de hecho, yo no me considero religioso ni creyente, pero te aseguro que hay algo, un misticismo que te llena, una ilusión que renace, creo que son las emociones y los aprendizajes que te inundan el alma y que asimilaremos con el paso del tiempo. La magia del momento existe ahí, y es demasiado bonita como para explicarlo a base de juntar letras, porque si una imagen vale más que mil palabras, una experiencia así te deja sin ellas.

➤
2º CAMINO DE SANTIAGO. CAMINO INGLÉS Y CAMINO DE FINISTERRE. A CORUÑA-SANTIAGO-FINISTERRE-MUXÍA.

Iba pasando el tiempo; días, semanas y meses avanzaban sin parar desde que volvimos de Santiago tras nuestro primer Camino y las ganas por volver no hacían sino aumentar.

Aún recuerdo la tarde en la que terminamos la última etapa y dije, a modo de recopilación de la experiencia vivida en aquel instante, aquello de: "Está bien, me ha gustado bastante, pero es algo para hacer durante una semana o diez días como mucho, porque más cansa".

Aquellas palabras eran las de un "semiperegrino" en periodo de adaptación de una experiencia que todavía no había calado profundamente en mí, y por si se me olvidan ya está la peregrina que me acompaña para recordármelas. Porque en efecto, ahora son palabras de las que me avergüenzo, no en mi "yo" de aquel día, que incluso lo puedo justificar, pero sí en mi "yo" actual. He pasado de aquella afirmación a organizar por etapas el Camino de Santiago desde Roma. Quién me lo iba a decir, de querer estar una semana como mucho a querer hacer un utópico Camino que he organizado en 117 etapas, sí, unos cuatro meses de vida peregrina que no pierdo la esperanza de poder realizarlo alguna vez en mi vida.

Según avanzaba el tiempo desde aquel 9 de agosto de 2014 en el que nos pusimos frente a la catedral Compostelana, ahondaba en mí ese aprendizaje que transmite una experiencia así, iba calando hondo en mi mente, cambiando mi forma de ver la vida, siendo –o intentando ser- mejor persona y valorando lo verdaderamente importante. Me había cambiado a mejor y de forma irreversible. Ya no era el mismo y lo único que deseaba era volver. Volver a pisar esos caminos con un mojón de piedra señalando la dirección de tus pasos en cada intersección, o una flecha amarilla, o ese azulejo azul con una vieira en el centro. Volver a salir de esa "burbuja" metafórica en la que vivimos habitualmente. Volver a caminar sobre un terreno, que por muy inclinado que se presente, te allana el camino de tu felicidad. Viviendo el presente, pero sabiendo que en ese futuro como peregrino podría vivir el presente con mayor facilidad.

Y ese futuro llegó. El 3 de agosto de 2015 era el día que comenzaríamos nuestro segundo Camino de Santiago. A Coruña fue donde iniciamos el Camino Inglés. Cuatro etapas nos separaban de la capital gallega y lugar de descanso del Apóstol. Después nos esperarían otras cuatro etapas hasta llegar a Finisterre. El 10 de agosto de 2015 llegaríamos al faro del fin del mundo conocido en la antigua Europa. Ocho etapas, añadiendo otra que hicimos dos días después para llegar desde Finisterre hasta Muxía. Nueve etapas en total. Unos doscientos kilómetros que volvían a mostrarnos la nobleza y, a la vez, la dureza de llevar una vida maravillosa, una vida humilde y sincera.

Todavía era el segundo día de agosto cuando llegamos a la estación de autobuses de Méndez Álvaro en Madrid, esperando a subirnos al bus que nos llevaría hasta A Coruña tras ocho largas horas de viaje. Salía a las 00:00 de la noche y llegaba a las 8:00 de la mañana. Si elegimos ese trayecto y ese horario fue para aprovechar la noche y dormir durante el viaje, pero era un autobús normal, el más barato de la flota de Alsa, los asientos se recostaban como 20° hacia atrás, eran duros y, por si fuera poco, no teníamos almohada para apoyar el cuello y dejar tranquilas nuestras vértebras cervicales, vamos, que eran lo menos recomendado para poder dormir. Iluso de nosotros, los planes no siempre salen como tenemos pensado en un principio. Fueron las ocho horas más largas e incómodas de mi vida. Puedo recordar cada hora de ese reloj digital que había en la cabecera del pasillo del autobús. Dolor de cuello, frío a ratos, entumecimiento de las piernas, dolor de lumbares constantes y dormir, más bien poco. Me sobran los dedos de las manos para contar en minutos lo que dormí de forma ininterrumpida.

Los minutos pasaban a cámara ralentizada, parecía imposible que llegáramos algún día, se hizo muy pesado e infinito en el tiempo, pero por fin A Coruña nos recibía con su amanecer despuntando al alba y a las ocho de la mañana paramos en la estación de autobuses. Bajé como alma en pena y tan sólo me faltó arrodillarme para besar el suelo como si fuera el Papa y, el autobús de Alsa, su "Papamóvil".

Lo primero que hicimos nada más bajarnos del autobús fue buscar un bar para desayunar y sellar por vez primera en nuestra credencial. Unos churros con chocolate hicieron que se me olvidara el cansancio del viaje. Pero el primer sello se hizo esperar, en el bar no tenían. De camino pasamos por un edificio público, pero cuál fue nuestra sorpresa cuando nos miraron raro, como si no conocieran el Camino de Santiago, como si en vez de peregrinos fuéramos dos indigentes que iban a pedir limosnas. La verdad que lo poco que estuvimos en A Coruña nos sorprendió el poco conocimiento que se tenía del Camino y la escasez de sitios para sellar. Estamos hablando de una ciudad que está a ochenta kilómetros de Santiago, no sé, fue lo menos curioso.

Si bien es cierto que el espíritu del Camino se pierde un poco en las ciudades grandes, allí donde el reloj gobierna y las prisas atacan los corazones de sus habitantes es hasta entendible que no les interese, que no encuentren tiempo para preocuparse de dos peregrinos. Maldita "burbuja" de ciudad, maldita rutina estresante, maldita vida de carreras constantes.

Abandonamos la urbe coruñesa, no sin antes comprar comida en un supermercado y pasear por la ribera de su bonita ría, y comenzamos a ascender pasando por pequeñas localidades anexas admirando la arquitectura de sus pequeñas iglesias. El asfalto es el gran protagonista en el Camino Inglés, se vio al comenzar, y cuando abandonamos la ciudad el camino seguía discurriendo por carreteras. La verdad sea dicha, el asfalto cansa; en verano calienta muchos los pies y la dureza del terreno hacen que se resientan las articulaciones como tobillos y rodillas. Pero hay que adaptarse a lo que hay. Seguía siendo maravilloso caminar por un mundo de paz y libertad por muy duro que esté el suelo.

Caminando entre bosques, por ahí perdido casi sin sentido, encontramos una sorpresa de las que te da el Camino. Ante nosotros apareció una panadería-pastelería llamada Da Cunha, y que luego descubrimos que tiene página web y es bastante conocida ya que el pan es el producto estrella del concello de Carral. El dulce me pierde y no pude evitar comprar una rosquilla de chocolate de las denominadas Donuts según una marca registrada, pero que allí no se regía por nombres, era de producción propia y puedo decir que es el mejor Donuts de chocolate que he probado nunca, o berlina o rosquilla, da igual el nombre, pero se me hace la boca agua con solo recordarlo. Riquísimo, al igual que otro bollo y un trozo de empanada que nos miraban desde el mostrador e hicieron inevitable el probarlos. Si comer es un placer, fue un placer visitar esa panadería y la recomiendo absolutamente.

La primera etapa la finalizaríamos en el albergue de Sergude-Carral, en la parroquia de San Xián de Sergude, tras dieciocho kilómetros de carreteras. ¿El albergue? El mejor de los que hemos estado sin duda alguna. Un edificio moderno, muy limpio y, por si fuera poco, estuvimos solos prácticamente todo el tiempo. La hospitalera es de aquellas personas que mantienen el espíritu del Camino por todo lo alto. Es un placer coincidir con personas así, hospitaleros de verdad, los que ayudan al peregrino y mantienen el albergue en perfectas condiciones. No esos que se dedican a cobrar y se marchan sin ayudar en nada al peregrino. Fue una persona muy amable y que tuvo un gran detalle para con nosotros ya que el bar que había en la diminuta aldea estaba cerrado y al día siguiente abrían tarde en relación a la hora a la que comenzamos la etapa. No teníamos comida para llevar durante la etapa del día siguiente y la hospitalera nos hizo dos bocadillos de tortilla, dos enormes bocadillos que nos regaló junto a unas postales, corriendo el gasto de su cuenta y ni siquiera nos dejó pagarla nada. Gracias, de verdad. Personas así hacen falta con mayor asiduidad, en el Camino y en la vida.

Ese día conocimos a una pareja de peregrinos que iban con sus dos niños pequeños y un perro, todos dentro de su tienda de campaña y con un aspecto muy *hippie* pero transmitiendo una energía muy positiva de libertad y paz.

El sol comenzaba a despuntar, nosotros a nuestra rutina matutina, recoger la ropa limpia del tendedero, desayunar, asearnos, hacer bien la mochila para encajar todo a la perfección, y un nuevo tramo de camino que estaba esperando recibir nuestros pasos.

Caminando en silencio, al son del repiqueteo de nuestros bastones de *trekking* al impulsarnos sobre el asfalto, que seguía siendo nuestro compañero inseparable, y una etapa corta que nos llevaría hasta Hospital de Bruma, lugar donde nos unimos al otro tramo del Camino Inglés, el que viene de Ferrol, para ya continuar ambos unificados hasta llegar a Santiago.

El albergue de peregrinos de Hospital de Bruma es el más antiguo del Camino Inglés y está construido sobre el antiguo hospital de peregrinos fundado hacia 1140. Es un albergue remodelado perteneciente a la Xunta de Galicia con la tarifa unitaria de seis euros por aquel año y, a pesar de su antigüedad, tiene todo lo necesario para pernoctar de manera correcta, sus camas con sus fundas desechables, su cocina, sus baños y su zona de jardín con cuerdas a modo de tendedero y el correspondiente lavadero de ropa.

Al ser una etapa muy corta llegamos pronto, sobre las doce de la mañana, y tuvimos tiempo para pasear por los alrededores del albergue, viendo el cementerio que estaba en una intersección de dos carreteras, haciendo esquina y sin ningún tipo de vallado que lo delimitara. Apreciando la tranquilidad que hay en los pueblos, fotografiando su arquitectura sencilla y sus hórreos, que antaño se usaban para guardar los cultivos como despensa con su peculiar y práctica forma para evitar que los roedores entraran a apropiarse de lo que no era suyo.

Allí conocimos a dos chicas de Madrid que, según nos dijeron después, trabajan cerca de mi casa en la misma ciudad, pero teníamos que conocernos en una aldea perdida de Galicia haciendo el Camino de Santiago, así de pequeño es el mundo. También vimos a otra pareja de peregrinos que lo hacían en sus bicicletas. La peculiaridad de una de ellas era la sillita de bebés que tenía acoplada detrás. En efecto, lo hacían con su hijo que no llegaba a las dos primaveras y que iba ahí sentado con su casco y todo; se convirtió en el peregrino más pequeño que hemos conocido. Para completar el grupo que nos juntamos en aquel albergue teníamos a varios italianos y, casualidades de la vida, coincidimos con aquel grupo que conocimos un año antes en el Camino del Norte en el albergue de Gontán, los únicos con los que nos hemos cruzado que no me han gustado, los que no me parecen peregrinos de bien, justo con ellos nos tuvimos que encontrar un año después, en otro Camino diferente. ¿Probabilidades de que pasara? Poquísimas, pero así es la vida. Aunque intento no juzgar a nadie a veces es imposible viendo su actitud egoísta, corriendo para llegar al siguiente albergue antes que nadie y coger sitio cuando el Camino es todo lo contrario, pero tiene que haber de todo, así que nos tomamos la libertad de nombrarlos como "Los indeseables", así, para tenerlos identificados de manera rápida, igual que ellas eran "Las de Madrid" o los italianos eran, de manera muy poco original, "Los Italianos". Es lo que hay hasta que conoces sus nombres, el lugar de donde vienen es una buena fuente de inspiración para su rápida identificación, teniendo siempre en cuenta que ante todo somos peregrinos y que esa identificación sirve únicamente para saber a quién nos referimos cuando hablamos de algo concreto, y no para clasificarnos.

Tercera etapa de nuestro Camino y veinticuatro eran los kilómetros que nos separaban de Sigüeiro, nuestro siguiente destino y población que no disponía de albergue público, tan solo había alguno privado y hostales. Puesto que seguíamos con nuestra mentalidad de peregrino con la palabra "humildad" en su máximo apogeo no queríamos gastar más de lo necesario, así que ya íbamos con la idea de buscar un sitio aceptable para colocar nuestra tienda de campaña.

La etapa fue agradable con un tiempo perfecto para caminar, prestando especial atención a los últimos cinco mil metros antes de finalizarla. Estaban compuestos por una recta perfecta por pista forestal, una recta interminable que tan solo perdía su monotonía en los cambios de rasante, continuas subidas y bajadas que variaban un poco la infinitud de la ancha pista de tierra escoltada por enormes árboles a ambos lados de ésta. Era como estar sobre una cinta de correr en un gimnasio, parece que te mueves, pero el paisaje de tu alrededor no varía lo más mínimo.

Llegar a Sigüeiro y encontrarnos con un bonito parque facilitó mucho la búsqueda de sitio para dormir, era obvio que sería perfecto para pasar la noche, así que únicamente nos faltaba encontrar un sitio para comer algo. El pueblo no es muy grande y rápido dimos con un restaurante con menú del día que al entrar, al igual que nos sucede algunas veces en otros restaurantes, tuvimos la sensación de que ven al peregrino como a un mendigo que lo único que busca es recibir una limosna. No digo que todo el mundo actúe con esa desconfianza ni mucho menos, pero si denotan cierta inseguridad cuando nos ven y nos colocan en la última mesa, como intentando no molestar al resto de comensales, por supuesto que somos los clientes con peor aspecto en ese momento; algo de suciedad se deja ver sobre nuestras ropas, el olor no será el más adecuado para entrar a un sitio público después de una jornada de siete horas andando cargados con diez kilos a la espalda y esa mochila que llevamos con ropa colgada para secarse no presagia nada bueno al incrédulo hostelero que nos observa desde la barra.

Aunque las apariencias engañan, porque la mosca que me encontré debajo de mi filete no la traje yo precisamente, cambiándose las tornas, ahora eran ellos los zarrapastrosos, y yo, el cliente que exige un mínimo de higiene en su comida. Sí, en efecto, me trajeron otro plato y me lo comí también, no sin antes dejarnos caer la indirecta de que hubiéramos sido nosotros quienes pusieron esa mosca en el plato. No juzgo a la pobre camarera, supongo que en nuestras mochilas vio sitio de sobra para que cupiese un criadero de insectos, algo totalmente imprescindible en la vida de un peregrino diría la ironía.

Con los estómagos llenos nos dirigimos a comprar la cena, a otro bar por supuesto, y nos pusimos sobre un césped al lado de un pequeño riachuelo y a la sombra de varios árboles que nos cobijaron bajo sus ramas, teniendo un banco de piedra al lado para poder estar hasta que comenzara el atardecer y poder montar la tienda sin que estuviera aquello lleno de gente, que tampoco era cuestión de ir pregonando por ahí que éramos unos vagabundos sin techo donde resguardarnos. Bromas aparte, pernoctar en la calle con una tienda de campaña de manera itinerante está permitido por ley en España, pero hay que hacerlo desde el atardecer y recogerla al amanecer del día siguiente, de ahí que mejor esperamos hasta que ya fuéramos a dormir para montar toda la parafernalia.

Solamente restaba una etapa para volver a pisar la plaza del Obradoiro y postrarnos delante del Apóstol, aunque esta vez fue más rápido y fácil que el año anterior haciendo cuatro etapas en vez de dieciséis, pero nuestro viaje no acababa ahí, tampoco físicamente, ya que después nos restaban otras cuatro para alcanzar Finisterre.

La jornada que nos acercaba a Santiago a cada paso no fue la más bonita de la historia, como siempre que nos acercamos a ciudades grandes te hartas de zonas urbanísticas y polígonos industriales, echando en falta más naturaleza. Por suerte fue corta y llevadera, dándonos tiempo de sobra para llegar al albergue, buscar sitio para comer y pasear un rato por su casco antiguo. Otra vez en Santiago, de nuevo su catedral nos daba la bienvenida, recopilando recuerdos del primer Camino y sintiéndote como un experto por ser el segundo Camino que hacíamos, como si ya supiéramos todos los secretos de la vida peregrina. Las siguientes etapas me enseñarían la grave equivocación que tuve en la elección del calzado, el error de cambiar del calzado cómodo del primer Camino a uno que no estaba acostumbrado, experimentando como si ya no tuviera nada que aprender. Siempre tenemos algo que aprender, esa es una lección de humildad que te enseña el peregrinaje. Te lo enseña por las buenas o por las malas.

Una vez pasada la noche en el albergue y antes de salir de Santiago quisimos pasar por la catedral de nuevo y hacernos unas fotos viendo la plaza vacía mientras amanecía. Acostumbrados a verla llena de almas multidireccionales a horas más normales del día se hacía extraño verla así, era algo digno de vivir que acrecentaba su encanto.

La siguiente parada se llamaba Negreira, con su albergue público de peregrinos a seis euros y unos veinte kilómetros por recorrer hasta llegar a él. Al salir de Santiago por el oeste tomando dirección a Finisterre tenemos un tramo muy corto de ciudad, ya que la catedral está muy pegada hacia esa dirección, y enseguida nos adentramos en territorio boscoso haciendo más ameno el caminar sin tanto bullicio de la metrópoli.

Llevando apenas una hora caminando llegó a mi mente un visitante inesperado; un dolor que provenía de la parte trasera de ambos pies, los denominados tendones de Aquiles llevaban un rato doliéndome yendo en aumento a cada paso que daba. Calzado duro al que no estaba acostumbrado, después de casi noventa kilómetros andados desde A Coruña y ejerciendo una presión sobre los citados tendones que lo convirtieron en una tendinitis bastante incómoda. Probé varios remedios improvisados sobre la marcha; desatarlas para llevarlas holgadas, andar con los tobillos más rígidos cual penitente arrastrando las suelas y, por último, pisar la parte de atrás convirtiendo las zapatillas de *trekking* en unas pantuflas de andar por casa y atándome los cordones por detrás del talón para evitar que se salieran al dar los pasos. La necesidad agudiza el ingenio dicen, y que verdad es. Me di cuenta que sin esa presión la tendinitis era soportable y podría caminar sin apenas dolor. Con un aspecto lamentable, pero atendiendo a las necesidades básicas con un mínimo de bienestar.

Con el invento en el calzado y, soportando las molestias que persistían a pesar de mis intentos de apaciguarlas, continuamos caminando; tierra mojada, asfalto, calzadas romanas, alguna casa en ruinas con una vegetación que engullía la enjuta construcción desde sus cimientos, cruzar algún río por un pequeño puente medieval y disfrutar de cada instante a pesar de las dificultades que nos acechaban.

Yo no fui el único que se resintió de los pies. La peregrina que me acompaña tuvo alguna que otra rozadura debido a que sus botas eran ya veteranas, venían del anterior Camino realizado un año antes, y ya ahí tenían recorrido de años atrás. Al estar desgastadas por el interior y tener la suela con el dibujo medio difuminado se hacían incómodas y en un calzado el roce no hace el cariño, hace rozaduras y, por consiguiente, las temidas ampollas aparecieron en escena.

En el primer Camino no tuvimos ningún percance con los pies, ninguna ampolla ni lesión. Sin embargo, en nuestro segundo Camino, ya sea por equivocación al elegir calzado, o bien por alargar en exceso la vida de otro, los dos tuvimos determinadas molestias que convirtieron nuestro recorrido hasta Finisterre en toda una odisea digna de mención.

Tras una etapa con desniveles constantes, pero apenas reseñables, y un tiempo muy bueno para caminar con sus frecuentes nubes que suavizaban las temperaturas, llegamos a Negreira atravesando todo el pueblo para llegar hasta su albergue situado a las afueras. Al llegar vimos a los varios italianos que conocimos antes de Santiago y, también ese día conocimos a varios peregrinos con los que hicimos una buena relación: Un Estadounidense llamado John que coleccionaba todos los corchos de las botellas de vino que se iba bebiendo durante su viaje en el Camino. Estaba haciendo el Camino Francés entero y ahora se dirigía hasta Finisterre como hacíamos nosotros, y como él mismo decía: "Con pan y vino, se hace el Camino" así que ahí le teníamos, después de dar la charla sobre llevar lo justo y va el amigo americano y se lleva una bolsa llena de corchos. Ahí reside la magia del Camino, nadie tiene la verdad absoluta, cada cual hace su Camino a su manera y le da importancia a lo que cree necesario por muy insensato que le parezca a los demás. También conocimos a dos amigos catalanes, Iván y Miquel, y una chica de Madrid llamada Laura.

El albergue era insuficiente en tamaño y cuando llegamos ya no quedaban camas, pero llevando tienda de campaña ese problema desaparece de una pasada. La pusimos dentro por si llovía por la noche y todo solucionado. Antes de eso estuvimos hablando con todos los peregrinos, conociendo un poco de cada uno; su vida, sus motivaciones para estar ahí, sus anécdotas peregrinas, etc. El momento simpático llegó cuando uno de los italianos se me quedó mirando y se puso a buscar algo en su móvil. Google le pasó rápidamente una ristra de imágenes de alguien que se parecía muchísimo a mí. Un tal Sergio Parisse, jugador de la selección italiana de rugby, era sorprendentemente igual que yo. Si todos tenemos un doble ese podría ser perfectamente el mío. También pasamos la tarde escuchando a John hablando sobre el Camino, toda su historia y muchas leyendas que había ido recopilando a lo largo de casi un mes recorriendo el norte de España. Era curioso que tuviera que llegar alguien desde Estados Unidos para contarnos la historia y otras curiosidades del Camino de Santiago, mientras que nosotros, siendo españoles, no conocíamos ni la mitad de lo que narraba. Fueron tan solo cuatro días los que coincidimos en albergues y a ratos durante las etapas, pero hicimos un grupo muy bueno, personas que no se olvidan, aunque te cruces con ellas un periodo tan corto de tiempo.

Ya al día siguiente nos esperaba, sin saberlo todavía, la etapa más larga que hemos hecho hasta el momento; treinta y tres kilómetros recorrimos desde Negreira hasta Olveiroa, ya sé que para quien haya hecho el Camino no parecen tanto porque hay personas que se hacen etapas de cuarenta o más, incluso hemos conocido alguno que nos aseguran haber hecho setenta, algo que parece demasiado exagerado. Pero he de confesar que treinta y tres kilómetros son muchos kilómetros. Comenzamos a las siete de la mañana y hasta las siete de la tarde no llegamos a nuestro destino, parando casi dos horas entre comer y algún descanso, pero andando la mayoría del tiempo. Claro que nosotros vamos tranquilos, a un ritmo sosegado disfrutando del momento, sin prisas, pero estar doce horas sin apenas parar termina por cansar al más pintado.

Cuando he dicho que nos esperaba la etapa más larga sin saberlo es porque en nuestra predicción, en esa organización previa que llevamos hecha, nuestra etapa finalizaba antes, en total pensábamos hacer veintiocho y quedarnos en una aldea llamada Abeleiroas y poner allí la tienda de campaña. El problema vino cuando descubrimos que dicha aldea eran en realidad cuatro naves que servían para guardar el ganado y un poco de heno, y otras cuatro casas, todo rodeado de campo de cultivos y carreteras secundarias. No había ningún pequeño espacio medianamente servible para colocar la tienda y como nos vimos con energías decidimos continuar hasta Ponte Olveira donde había un albergue privado.

Cuando vimos dicho albergue sólo restaban dos kilómetros hasta el final de la etapa en Olveiroa y como no nos convenció demasiado el albergue descuidado que teníamos ante nosotros decidimos seguir los escasos dos mil metros restantes, a sabiendas que cuando llevas acumulado tanto recorrido en las piernas sumar unos metros extras

[60]

siempre supone un suplicio por poco que resulte ser.

Como anécdota cabe destacar que los últimos cinco kilómetros de esta etapa me los hice con unas chanclas que tenía para la ducha, de esas finas cuya única sujeción es una tira que se mete entre los dos primeros dedos del pie y que no son para nada recomendables, pero hay que improvisar según la necesidad, ya que en nuestro segundo Camino aún no había adquirido las chanclas de trekking que llevo ahora para la ducha y por si necesito descansar del calzado principal al caminar. Todo debido al dolor que seguía arrastrando en mis tendones de Aquiles que me llevaban por la calle de la amargura.

Cuando llegamos a Olveiroa presenciamos ante nosotros el albergue más llamativo y con más encanto de todos los que hemos conocido. En realidad, no era un albergue, sino varios, ya que habían habilitado una zona con varias casas antiguas del pueblo ya rehabilitadas para hacer de dormitorios con su baño y otras que hacían las veces de cocina o de sala de estar. Al llegar y ver aquella estampa vino a mi mente una imagen recién salida de una película de *Astérix y Obélix*, aquello parecía una aldea gala resistiendo al ataque del imperio romano. Varias chozas antiguas con un retroceso de varios siglos en el ambiente.

El pueblo no era de grandes dimensiones, pero tenía un restaurante con comida casera típica gallega. Fue allí donde hicimos una cena de peregrinos de verdad. Nos juntamos unas diez personas, contando los cuatro italianos, los dos catalanes, el norteamericano, la chica de Madrid y nosotros dos. Fue una cena en la que cada uno conoció un poco mejor al de al lado, donde se entrelazan unos vínculos de unión entre personas muy diferentes que comparten momentos de igualdad peregrina. Sin duda son momentos que repetiría muchas veces si pudiera vivirlos de nuevo.

Esa noche dormimos en la tienda de campaña debido a la falta de camas al llegar tan tarde. No hubo inconveniente alguno y la

[61]

montamos sobre un pequeño espacio llano de césped y hojas al cobijo de un árbol de consideradas dimensiones y que, según nos transmitía su ancho tronco y la forma de su corteza, debería llevar ahí plantado muchos años.

Hay que explicar claramente, sobre todo para quien nunca haya dormido en una tienda de campaña sobre una esterilla o, lo que es lo mismo, sobre el mismísimo suelo, que no es precisamente cómodo dormir así, que por mucho terreno blando que se intente buscar al montar la tienda sigue estando excesivamente duro. En esos momentos recuerdas la comodidad que te ofrece un colchón sin menospreciar la libertad que te da la tienda de campaña con su delgada esterilla. Pero es importante recordarlo para que no parezca una maravilla dormir así.

Esa mañana, para añadir más emoción a las prematuras horas del día que apenas comenzaban, hacía un frío exagerado teniendo en cuenta que hablamos del verano. El clima del norte de España es lo que tiene, sobre todo en zonas de interior o de montaña, puede ser verano, pero en las primeras horas del día los termómetros caen radicalmente hasta que el sol hace su aparición para apaciguar los ánimos de las gélidas temperaturas.

Una vez iniciada la marcha tras la rutina básica de cada mañana, nuestros pasos nos llevarían hasta Cee, una bonita localidad costera al igual que su vecina Corcubión. Ambas están casi juntas metidas en un golfo del océano Atlántico. Allí en Cee ya íbamos con una reserva hecha con antelación en un albergue privado debido a la ausencia de albergues públicos.

La etapa como tal no fue difícil ni larga, y durante la misma hay que destacar tres momentos reseñables; el primero fue la intersección bien señalizada que te encuentras a los escasos seis kilómetros y donde debemos escoger si seguimos hacia Finisterre o nos dirigimos a Muxía. Nosotros íbamos a Finisterre y, ya desde allí, hicimos también la peregrinación hasta esta otra localidad gallega famosa por su historia del Camino de Santiago. El segundo punto que quiero explicar fue el descenso de altimetría; rondábamos los trescientos metros sobre el nivel del mar y tendríamos que bajar hasta el nivel cero, es decir, al nivel del mar que está Cee. Hasta aquí el punto dos parece algo muy simple que no merece la pena darle tanta importancia porque no es una altimetría muy difícil a priori, pero se da la mano con el tercero, ya que ese desnivel de altitud lo bajamos en apenas dos kilómetros y medio. Para sumar mayor grado de aventura a la bajada tengo que decir que el sendero por el que se desciende hasta el pueblo de Cee es un camino de cabras lleno de piedras sueltas, algunas de considerables dimensiones, y ese día nos hizo un calor exagerado ayudando a ello la falta de nubosidad y en contradicción con el frío que hizo por la mañana. Sin duda puedo decir que es el peor momento que hemos vivido en el Camino, sudando a mares, todo seco como si de un desierto se tratara, dolores articulares por el esfuerzo de la bajada, echándonos crema solar para protegernos de la radiación que se filtraba por nuestra piel amenazándonos con unas quemaduras nada deseadas, y con mil ojos para no caer cuesta abajo por un desafortunado traspiés con uno de los cantos rodados que minaban el camino.

Solamente restaba una plácida etapa para alcanzar el final de nuestro Camino, el final del mundo conocido en la antigua Europa, el faro de Finisterre esperaba a dos peregrinos más que querían llegar hasta su acantilado para presenciar la puesta de sol y purificar su alma mirando al infinito la línea que separa lo terrenal de lo divino, mar y cielo unidos por una fina capa que se iba difuminando en tonos anaranjados a medida que caía el sol por el horizonte acompañado de unos nubarrones que acaban de hacer acto de presencia.

Una etapa muy corta, por bosques entre pinares y acantilados y, un paseo de tres kilómetros por la playa de Langosteira que precedía al pueblo de Finisterre. Después restarían otros tres más para llegar hasta el faro por un camino peatonal adyacente a la carretera que asciende hasta la edificación que antaño ayudaba a las embarcaciones a encontrarse con su luz y avisaba de la proximidad costera con los peligros que eso conlleva; acabar varado o chocar contras las rocas y hundirse en el fondo del océano.

De camino al faro llama la atención unos cuantos cubos de hormigón orientados de cara al mar que para asombro general resulta ser un cementerio, demasiado vanguardista y que sigue en desuso debido al rechazo de los vecinos. Una pequeña estatua en honor al peregrino reclama unos minutos para fotografiarse con el mar de fondo. Y todo esto con mis tendinitis que seguían a mi lado haciendo de cada paso un reto por superar soportando el dolor. Lo primero que hice al alcanzar el faro de Finisterre, tras presenciar la emoción del mojón de piedra que marca el kilómetro cero y sellar la Credencial en el faro, ya que para recoger la Fisterrana (documento acreditativo como la Compostela que verifica que hemos hecho el recorrido entre Santiago y Finisterre) tuvimos que ir a la oficina de turismo en el mismo pueblo de Finisterre, fue quitarme las penurias que llevaba en los pies en forma de zapatillas de *trekking* y colgarlas por sus cordones de una de las antenas que hay allí junto a otras prendas de vestir de los muchos peregrinos que alcanzan el final de su Camino, simbolizando el final de una vida para el comienzo de otra, simboliza el renacer de dejar atrás el dolor para comenzar algo nuevo libre de cargas y daños y, en mi caso, que mejor que dejar atrás el calzado que me había hecho pasar cuatro días y noventa kilómetros de dolores e inflamación que no hicieron sino aferrarme con más fuerza a esta forma de vida, convencerme de que me gusta demasiado pasando por encima del dolor físico y el cansancio mental.

He de decir que ya están prohibiendo dejar nada allí y con toda la razón. No podemos convertir una zona de tal belleza en un vertedero lleno de ropa. Es cierto que yo lo hice, es una tradición que se lleva haciendo durante años, al igual que quemar otra prenda junto al faro en una piedra que hay para tal fin (nosotros quemamos uno de los cordones) o bañarse en la playa de Langosteira para purificar el alma. Todo esto son tradiciones famosas que se han ido haciendo durante mucho tiempo, pero debo reconocer que no volvería a quemar nada ni a dejar ropa allí atada. No me gustaría que acabáramos con esa zona a base de contaminarla o que un incendio la arrasara, lugar que por desgracia ya está bastante castigado por el fuego.

Ya lo he dicho antes, pero Finisterre es un lugar místico que te atrae, tiene imán para controlarte y fascinar con sus vistas al infinito. Allí plantados mirando la estatua en forma de bota que hay a la espalda del faro, con el océano Atlántico detrás, pudimos contemplar cómo todas las enseñanzas de los dos Caminos hacían intromisión profunda en nuestro ser, convirtiéndonos en un nuevo "yo" y afianzando nuestras creencias sobre un estilo de vida peregrino que te hace libre porque te desata los grilletes de la rutina diaria, porque te enseña los valores importantes de la vida y te simplifica todo, hasta el mínimo detalle, hasta convertir lo simple en una máxima y completa felicidad.

Una vez visitado el faro de Finisterre pasamos un par de días descansando en el pueblo antes de recorrer los treinta kilómetros que lo separan de Muxía. Durante ese periodo de tiempo pudimos compartir otro momento con el grupo de peregrinos que conocimos tres etapas antes en Negreira; en una terraza de un bar cualquiera, con vistas al puerto de Finisterre, nos juntamos los mismos diez que compartimos mesa en la cena del restaurante de Olveiroa para tomarnos una cerveza bien fría de la gran Estrella Galicia y unos tintos de verano, donde pudimos ver una nueva excentricidad de John al enseñarnos un cuerno que se había comprado en cuyo interior guardaba una buena cantidad de moras, junto a la bolsa de todos los corchos de esas botellas de vino que coleccionaría para el recuerdo de su peregrinaje, o donde pudimos confirmar que en el norte se come muy bien pero que lo de poner una tapa con la consumición no va con ellos. Benditas moras de John que acompañaron las cervezas.

Ese rato de la tarde sirvió para consolidar una despedida no oficial, pero que todos sabíamos que así sería, puesto que cada uno ya partiría a sus respectivas casas, terminando una compañía física, pero dejando esos momentos imborrables para la posteridad de nuestro Camino.

Trascurridos esos dos días decidimos hacer el enlace de Camino en forma de epílogo para llegar hasta Muxía, localidad famosa por, según cuenta la leyenda, recibir el cuerpo sin vida del Apóstol Santiago el Mayor cuando lo trajeron varios de sus discípulos en una barca hasta la península. Allí se da al peregrino de manera gratuita la denominada Muxiana que, al igual que la Compostela y la Fisterrana, es un papel que verifica, a través de la comprobación en la Credencial con sus correspondientes sellos, el haber realizado la peregrinación hasta ese lugar. Ya sea yendo andando, en bicicleta o a caballo.

Llegar hasta allí supone caminar una treintena de kilómetros por bosques de coníferas y pistas tranquilas entre pequeños pueblos. Las vistas intermitentes hacia el mar aumentan el valor visual de la etapa que contiene constantes subidas y bajadas pero que, a pesar de la variable altimetría y la distancia, no se considera una etapa fuerte ni dificultosa.

Muxía es un bonito pueblo costero situado en la Costa Da Morte que se dedica principalmente a la pesca, donde podemos presenciar unas vistas magníficas de mar y monte y la furia del océano Atlántico en todo su esplendor, golpeando las rocas cercanas a la iglesia que supone alcanzar el final de otro Camino, el final del epílogo bidireccional entre Finisterre y Muxía, y viceversa. Segundo Camino que llegaba a su fin con nuevas enseñanzas aprendidas que aligeran el peso de la mochila física, de la misma manera que engrosan el de la mochila de la experiencia y la madurez como peregrinos y como personas.

3er CAMINO DE SANTIAGO. CAMINO DEL SALVADOR. LEÓN- OVIEDO- AVILÉS.

660. A simple vista es un número como otro cualquiera. No, por esta vez no son kilómetros lo que sumo ahí. 660 son los días que tuvimos que esperar desde ese 12 de agosto de 2015, cuando finalizamos la etapa hacia Muxía, hasta volver a poner un pie en el Camino de Santiago, en esta ocasión en el Camino del Salvador. 660 días eternos. O lo que es lo mismo: 1 año, 9 meses y 19 días.

El tercer Camino se nos hizo de rogar demasiado. Evidentemente no fue por gusto. Los trabajos mandan en la sociedad en la que vivimos, no siempre a gusto de todos, pero es lo que hay cuando la necesidad por trabajar dictamina tu vida. Y fueron muy largos. Para alguien que lleva dos Caminos y tiene asimilado que es la forma de vida que le gusta, estar tantos días sin llevar la peregrinación a la práctica se convierte en una losa exageradamente pesada de arrastrar.

El Camino del Salvador fue el que elegimos para el año 2016, pero como no pudimos hacerlo lo pospusimos para el siguiente. 2017 esperaba ansioso a que nuestras pisadas volvieran a dejar huella en los históricos caminos recorridos por tantos pies a lo largo de los siglos. En marzo, al conocer las fechas de mis vacaciones laborales, me faltó tiempo para comprar los billetes del autobús dirección León, lugar de inicio para nuestro recorrido Jacobeo que, por vez primera, no tendría su final físico en la capital gallega responso del Apóstol Santiago.

En León comienzan muchas personas su Camino, pero la mayoría siguiendo los pasos del Camino Francés hasta Santiago, mientras que unos pocos continúan hasta la capital asturiana. Oviedo, en concreto su catedral, es el destino físico al que llegar después de unos ciento veinte kilómetros atravesando la cordillera cantábrica por el Puerto de Pajares, desde Castilla y León hasta Asturias. Es un Camino que realizaban los peregrinos medievales cuando iban a Santiago y se

[67]

desviaban en León hacia Oviedo para visitar a San Salvador, terminando después en Santiago ya por el Camino Primitivo.

Decir que paisajísticamente es un Camino espectacular, con una naturaleza salvaje maravillosa, una soledad infinita que transmite paz y tranquilidad por doquier y con etapas que distan mucho de ser las convencionales que se puedan recorrer en otros Caminos, alguna bastante dura, puramente montañosa con un desnivel considerado y con temperaturas que llegan a bajar bastante incluso en periodos cálidos como la primavera o el verano. Totalmente recomendado para vivir al máximo la experiencia y la dureza que ofrece la peregrinación.

He comentado que en marzo del 2017 ya tenía los billetes para llegar a León, pero no fue hasta el 1 de junio cuando podríamos llegar allí con nuestras mochilas a cuestas dando comienzo al tercer, y hasta este momento, el último Camino que hemos hecho. Pero como no me gusta aquello de último, diremos que ha sido nuestro penúltimo Camino, ya que siempre habrá otro después, primero en la mente, después en un papel organizado por etapas y, finalmente, realizado de manera física se tarde lo que se tarde entre uno y otro. Siempre hay uno más por hacer. Ya lo he dicho antes en repetidas ocasiones; un peregrino lo es desde el momento en que pone un pie en el Camino, luego ya no puedes abandonarlo, te atrapa, te encandila con sus encantos de libertad, tolerancia y humildad haciendo "real" esa vida, y convirtiendo la otra en mera "obligación irreal".

Era primero de junio y llegábamos a la estación de autobuses de León sobre las 13 horas, ese día no íbamos a caminar, reservamos un albergue para evitar quedarnos sin plaza debido a que por esa ciudad pasa ese Camino-autopista tan transitado de peregrinos llamado Camino francés, y el resto de la tarde la pasaríamos visitando la ciudad y degustando esas tapas tan famosas de León que te ponen con la consumición. Un poco de turismo, coletilla final de la tan alargada espera para volver a la vida peregrina, ansiada durante esos infinitos 660 días.

[68]

660 días que acababan el 2 de junio de 2017 cuando León recibía los primeros atisbos de rayos solares en el horizonte iluminando su majestuosa catedral y nosotros ya teníamos la mochila bien ajustada, con esa pajita de la bolsa de agua que asomaba por la abertura superior hasta las proximidades de la boca, ayudándonos a beber sin tener que quitárnosla, nuestros bastones en las manos y con una ilusión indescriptible a punto de estallar.

Comenzamos a caminar desde la catedral de León, a nuestra derecha, y con la única despedida de una máquina que limpia las calles con chorros de agua a presión, a nuestra izquierda. Debido a lo temprano de la mañana poca vida más recorría las calles de la ciudad leonesa. Veintisiete kilómetros más o menos era la longitud total de la primera etapa, la cual nos acercaba de León a La Robla con escasa diferencia de desnivel en la altimetría, muy diferente de lo que nos esperaba poco después por aquellas montañas tan duras y, a la vez, tan extraordinarias de la frontera política entre León y Asturias.

Un sol que calentaba en demasía, superficie de tierra según íbamos alejándonos de la ciudad, a la vera de un arroyo y alguna que otra cuesta llamativa. Barro en zonas de sombra debido a lluvias en días anteriores a nuestra llegada o asfalto entrando en zonas habitadas. Variedad de terreno hasta llegar a La Robla, lugar que nos recibía con una nube de mosquitos exageradamente grande. No he visto tanto mosquito junto en mi vida, cierto que era junio y la población está construida al lado de un río, pero aun así me parecía curioso y molesto el tener una nube así rodeándonos por completo. Quizás la humedad de llevar el cuerpo mojado por el sudor no ayudaba a que esos insectos con afán de incordiar se marcharan de allí.

Nota meramente informativa porque me pareció curioso como anécdota. Sin más, el pueblo es estrecho y bastante largo. En efecto, el albergue estaba al final del todo. Pero como debemos mirar lo positivo, ya teníamos un trecho ganado para el día siguiente, aquí a positividad que no nos gane nadie. Era un edificio pequeño, pero con lo justo que necesita un peregrino; sus camas, sus baños, su sala de estar con cocina y una zona de lavar y tender la ropa.

En la Robla volvimos a retomar la rutina de la vida peregrina después de caminar. Es decir, buscar sitio para comer, algo complicado teniendo en cuenta que eran casi las cinco de la tarde, pero al final pudimos saciar nuestro apetito en un bar; aunque la cocina estaba cerrada por la hora que era nos hicieron unas hamburguesas y unas patatas, era de agradecer la amabilidad de la camarera. Seguir buscando, en este caso algún supermercado para la cena de esa noche y el desayuno de la mañana siguiente y, una vez de vuelta al albergue, hacer la colada correspondiente con la ropa sucia, ducharnos y descansar un poco hasta que llegara el hospitalero para inscribirnos, sellar la Credencial y cobrarnos la tarifa de siete euros.

Si por algo recuerdo ese pueblo, además de por sus concentraciones masivas de mosquitos, es por conocer allí a varios peregrinos con los que coincidiríamos varias etapas después hasta casi el final de ese Camino, en la capital asturiana. Cuando llegamos había varias mochilas esparcidas por la habitación, cuyos compañeros humanos descansaban en las camas; un hombre vasco, otro asturiano, y dos italianos. Pero merece un hueco especial uno de los italianos, el más mayor de los dos. Sin duda podemos decir que es el peregrino más rocambolesco y extravagante que hemos conocido, pero también el peregrino más puro en la definición de la palabra misma. Si tengo que describir a alguien que lleva la vida del peregrino a la máxima expresión, ese sería Umberto Rafanelli, un peregrino sexagenario natural de Pistoia (Italia) que, cuando le conocimos ese día, llevaba hasta la fecha nada más ni nada menos que la friolera cantidad de ¡52 Caminos! ¡52! Al año se hacía tres o cuatro y vivía gran parte del año en España haciendo aquello que le hacía feliz. En Pistoia tiene su casa, donde ha creado una casa-museo sobre el Camino de Santiago. Extravagante por llevar unas flores en los mangos de los bastones, decía que las flores dan color y alegría a la vida. Parecía un loco desde fuera, pero cuando se le conoce, te das cuenta que está más cuerdo que todos nosotros juntos, es un loco, sí, pero un loco del Camino llevando su verdad por bandera y haciendo aquello que le hace feliz a aquel viejo guía de montaña que ahora pasaba sus días haciendo kilómetros por los Caminos de Santiago. Rocambolesca era su mochila; una pieza de coleccionista debido a su antigüedad en la cual llevaba un termómetro enorme o un paraguas, tirando al traste toda mi organización para llevar lo justo y necesario que explicaré más adelante en el siguiente capítulo.

Umberto es una de esas personas que te marcan, cuando conoces a alguien así y que encima está relacionado con algo que te gusta tanto no puedes sino escuchar lo que tiene que contar. A pesar de ser italiano hablaba español de manera entendible debido a tanto tiempo pasado en España, así que, entre eso y el parecido lingüístico de ambos idiomas, pudimos entablar una conversación provechosa.

Cuando le conté que estaba planificando un Camino de cuatro meses entre Roma y Santiago me pidió que si podía hacerle el favor de mandárselo impreso en papel a su casa en Pistoia. Una promesa está para cumplirla, así que cuando llegamos a casa después de terminar el Camino se lo mandamos por correo a la dirección que nos facilitó. Si hubiera sido cualquier otro peregrino se lo hubiera pasado en el momento; el archivo PDF volaría mediante WhatsApp o un correo electrónico, pero con Umberto no, él era diferente y ahí residía lo especial que le envolvía. Con su teléfono móvil antiguo, para llamar y poco más, no estaba para que le habláramos de *Smartphones* ni cosas modernas, así que como se había hecho toda la vida: oficina de correos, carta en un sobre con el PDF impreso en papel, una foto nuestra de recuerdo y una pequeña concha que cogimos de la playa de Finisterre dos años atrás. Hace tiempo que no hablamos, pero estoy convencido que en algún momento hará ese Camino desde Roma que tantas horas de planificación me ha hecho invertir para organizarlo por etapas. No sé si algún día yo podré hacerlo, pero por lo menos me hace mucha ilusión que alguien como Umberto lo pueda hacer gracias a mi trabajo para organizar 117 etapas uniendo ambos destinos de peregrinación.

El Camino continuaba en nuestro segundo día aumentando el tiempo por senderos, bosques y montaña, dejando atrás las poblaciones de La Robla, La Pola de Gordon o Buiza. Precisamente en la Pola de Gordon hicimos una parada para descansar algo, sellar la Credencial y desayunar, por segunda vez desde que comenzó la jornada, en un bar en el que nos pusieron dos cafés, zumo de naranja y bollería por unos escasos euros.

Fue al llegar a Buiza cuando comenzaríamos a ascender por montaña pura y dura, con apenas unos estrechos senderos o, directamente, caminando campo a través siguiendo algunas señalizaciones de madera o flechas amarillas pintadas sobre rocas. Buiza fue la última población que vimos hasta el final de la etapa, en un pequeño pueblo llamado Poladura de la Tercia, y durante los nueve kilómetros que separan ambos asentamientos tuvimos una naturaleza salvaje como compañera de viaje, transmitiéndonos una paz interior difícil de explicar con palabras y un ascenso difícil de olvidar para nuestras trabajadas piernas.

Senderos de tierra mojada flanqueados por los tonos verdosos de la hierba. A la izquierda asciende empinada una cuesta hacia el pico de la montaña. A la derecha se aprecia el desnivel de la misma hacia un arroyo que humedece el ambiente y nos acompaña con su armoniosa melodía del agua corriente. En mitad nosotros, caminando sin prisas, embelesados por una belleza natural inigualable, admirando un mundo limpio en todos los sentidos de la palabra, viviendo cada paso que dábamos como a cámara lenta, queriendo parar el tiempo, sin ganas de llegar, sin necesidad de terminar ese momento que nos regala la felicidad sin pedir nada a cambio. Te sientes parte del mundo, uno más en esa cadena de seres vivos compartiendo un mismo espacio vital, respetando lo que te rodea, agradeciendo la suerte de poder

[72]

disfrutarlo.

Tras unos últimos cientos de metros, en los que tuvimos que atravesar varios cercados levemente electrificados para evitar que el ganado se perdiera por aquel valle de la Tercia, desenganchando la cuerda por la parte plastificada y volviendo a colocarla en su sitio como pedían unos carteles amablemente, Poladura de la Tercia se apreciaba a unos escasos pasos de distancia, su albergue situado en las antiguas escuelas ya estaba habitado por el resto de peregrinos. Estaban todos los que conocimos el día anterior y un hombre mayor de Israel que se unía al pequeño grupo de peregrinos que íbamos a realizar el Camino del Salvador en la misma fecha.

Nos pusimos cómodos y salimos fuera para comer lo que habíamos llevado encima durante toda la etapa debido a la falta de servicios a lo largo de la misma; un envase de quinoa con un bote de pisto y unas bolsitas de fruta para beber. Humilde comida con la presencia de un grupo de niños curiosos que observaban cada movimiento de esos forasteros que habían llegado a su solitario pueblo. A pesar de estar siendo vigilados por varios pares de ojos fue un rato muy reconfortante, el estar al sol y que calentara un poco las bajas temperaturas para ser verano fue un momento de descanso y bienestar. Cada segundo se vive. Cada momento se disfruta. Cada experiencia se valora.

Pasamos la tarde todos juntos en la sala de estar de aquel viejo edificio. Umberto encendió una diminuta chimenea que había al lado de una pared junto a una estantería llena de libros y antiquísimos juegos de mesa que nos sirvieron para amenizar las horas de calma que teníamos por delante. Diferentes conversaciones iban y venían entre los diversos asistentes que descansaban entre esas cuatro paredes. Varias sillas y mesas, junto a una televisión de tubo con sus catorce pulgadas de pantalla que sumaba bastantes años de vida, la comentada estantería y la estufa de leña gobernando la estancia mientras intentaba mantener una temperatura agradable para aquel

[73]

grupo de peregrinos que la vida hizo coincidir en ese pequeño pueblo perdido entre las montañas astur-leonesas.

Salir de Poladura significaba adentrarse de nuevo en montaña, en una solitaria y dura montaña que íbamos conquistando palmo a palmo, pisada a pisada, ascendiendo metros hasta alcanzar el pico máximo de altitud de este Camino: El Collado del Canto de la Tusa con sus 1.568 metros sobre el nivel del mar, con su mástil de hierro formando una cruz con la palabra "SanSalvador", haciendo las veces de travesaño horizontal, allí anclado entre rocas mientras nos avisaba de que habíamos llegado a ese punto máximo en la altimetría. En ese momento, y viendo las escasas fotos que tenemos, nadie diría que era prácticamente verano, los primeros días de junio traían calor a gran parte de la península ibérica, pero allí arriba teníamos unos seis grados sobre cero, una niebla que dificultaba la visibilidad y una humedad altísima que endurecía, las ya de por sí, bajas temperaturas.

Continuábamos en soledad en ligero descenso camino de la frontera que divide Castilla y León de Asturias, justo en el Puerto de Pajares se dividen políticamente ambas Comunidades Autónomas, y quedaban algo más de cinco kilómetros para poder hacer una parada en el bar del Puerto de Pajares a modo de refugio. La niebla iba en aumento. Una densidad que dificultaba la visibilidad a escasos metros de distancia y, la humedad y el frío, paralizaban cada músculo siendo en vano el intento por continuar en movimiento, proseguíamos por inercia. Dejamos atrás el descenso por monte siguiendo esas estacas de madera que ayudaban a la señalización y pisamos asfalto. Lo que se veía, o lo que se intuía entre la espesa niebla para ser más correctos, era el pueblo de Arbás del Puerto con la silueta de su Colegiata destacando frente al resto de edificaciones. Unos minutos por el arcén de la carretera y ya veríamos el bar donde podríamos calentarnos y secarnos los pies; un café muy caliente, un bollo y un *croissant* vegetal ayudaron a satisfacer nuestras necesidades primarias para reponer energías.

Media hora llevábamos allí sentados pegados al radiador. No queríamos movernos. Parecía increíble que en el mes de junio deseáramos tanto permanecer junto al calor. Lo peor era pensar que otros cinco kilómetros nos separaban hasta el pueblo de Pajares y un descenso muy pronunciado; perder cuatrocientos metros durante esos cinco mil que nos restaban. De los 1.400 metros de altitud del Puerto de Pajares hasta los 1.000 metros del pueblo del mismo nombre, un trabajo duro para las piernas suavizado por la ayuda esencial de los bastones de trekking, que te hacen trabajar también con los brazos, reduciendo el peso que reciben las piernas en los impactos.

Si digo que en ese momento mi deseo era permanecer allí horas no exagero ni un ápice mis palabras. Mis manos seguían heladas y el secamanos del servicio del bar iba ayudando, junto al radiador y al café hirviendo, en aumentar mi temperatura corporal. Muy a nuestro pesar de placer momentáneo, el descanso no duró más de lo necesario, no debíamos dejarnos convencer por los deseos de ese bienestar. El Camino sigue. La vida sigue y no espera.

Salimos al gélido exterior con nuestras mochilas bien ajustadas continuando el camino que pasaba por detrás del bar. Totalmente obligado ya que desde ese punto la carretera se estrecha; carretera de montaña sin arcén, llena de curvas, con un descenso pronunciado y una niebla que no dejaba ver nada. Definitivamente continuaríamos el Camino por donde recomiendan las señales campo a través, aunque eso suponía recorrer una mayor distancia, pero la seguridad es lo primero.

Descender. Seguir perdiendo altitud. Senderos minúsculos para apoyar los pies y seguir bajando. Sendero que se veía interrumpido por la corpulencia de una vaca marrón con cuernos que nos miraba atentamente mientras se acercaban otras similares que nos observaban de igual manera. Situación curiosa la que nos hicieron vivir esas vacas; un periodo de tiempo parados, pensando cómo rodearlas sin que nos siguieran. Mi saco de dormir de color rojo vivo por fuera de la mochila. Y para rematar lo absurdo del momento, siguiendo aquello de "la música amansa a las fieras", Melendi comenzó a sonar por el altavoz de mi móvil en un intento inútil de espantar a todas aquellas reses de nuestro camino. Un bosque comenzaba justo al lado, una estaca de señalización caída entre la hierba que no vimos y acabamos perdidos en aquel amasijo de maderas y copas de árboles que prohibían el acceso a la escasa luz solar que había ese día. Perdidos por culpa de unas vacas asturianas a las que no les gustaban la música de un paisano y que utilizaban las estacas de hierro que señalan la dirección del camino para rascarse el lomo.

Mientras tanto el septuagenario israelí aprovechaba para adelantarnos. Ya cuando conseguimos retomar la buena dirección de nuestros pasos pudimos verle delante. Al ponernos a su altura estuvimos caminando juntos el resto de la etapa hasta llegar a Pajares. Los tres íbamos a ser los únicos peregrinos que acogería su albergue durante esa fría noche entre montañas asturianas. Otro de los pocos albergues donde hemos podido sentir en nuestras carnes lo que es la hospitalidad del Camino; Marisa, la hospitalera encargada de llevarlo es una persona que ayuda al peregrino y le trata muy bien, más allá de cobrar, sientes una sensación acogedora que te abruma desde el primer momento que entras. Ella nos enseñó lo de rellenar el calzado con papel de periódico para dejarlo toda la noche absorbiendo la humedad. Gran truco. Al amanecer del día siguiente ya teníamos listas nuestras armas de peregrino para continuar con los pies secos sin toda esa agua que habían recogido esos papeles de un diario local.

Así llegaba el final de una de las etapas más espectaculares y bellas de todas las que hemos podido disfrutar en los Caminos hechos hasta la creación de estas líneas. Una etapa dura, dificultosa y con mayores exigencias físicas que la media, pero a medida que aumentan las dificultades, de tal manera aumentan las recompensas que recibes al terminarla y asimilar sus enseñanzas.

Si por algo se caracterizaría la etapa del día siguiente era por un constante descenso. Pajares está a unos 1.000 metros de altitud sobre el nivel del mar. La etapa la finalizaríamos en Campomanes que está a unos 400 metros de altitud. Un descenso considerable con algún que otro ascenso entre medias, una etapa dura para las rodillas, pero más tranquila que las que la precedían. El río Pajares nos acompañó paralelamente durante gran parte de la jornada y senderos estrechos entre alta vegetación eran nuestra guía de dirección.

Esa alta vegetación rozándonos las piernas fue la culpable de que hasta tres garrapatas hundieran su cabeza en mi piel aquella mañana, preámbulo de un verano que se avecinaba, sacando sus primeros y cálidos rayos de sol por aquellas húmedas tierras asturianas. Tres garrapatas minúsculas que me parasitaron hasta que las pude arrancar teniendo cuidado de que la cabeza no se quedara dentro, asunto de suma dificultad por su diminuto tamaño.

Aquel día teníamos como objetivo llegar hasta el albergue de Bendueños, lugar que tiene una gran crítica en diferentes páginas de internet, y habíamos llamado para avisar de que llegábamos tal y como recomendaban en dichas críticas. Desde la aldea de Herías restaba kilómetro y medio en fuerte ascenso hasta llegar al albergue y, más o menos por la mitad de la empinada cuesta, nos llamó la hospitalera diciéndonos que debido a una avería no tenían agua. En aquel instante te sientes perdido por no saber qué hacer, pero fue una gran oportunidad para improvisar un plan B y sentirte libre de tu destino. Sabía que Campomanes estaba a tan solo dos kilómetros de allí y decidimos llegar para buscar un hostal o quedarnos en la tienda de campaña ya que no había ningún albergue de peregrinos en el pueblo.

Al llegar a Campomanes elegimos una pensión de buen precio y bajamos a un humilde restaurante para comer ese menú de once euros que te ayuda a ver las cosas de otra manera, de una forma más positiva con el estómago lleno. Después de comer nos dirigíamos de vuelta a la pensión y fue entonces cuando vimos al peregrino israelí que nos hizo

[77]

compañía la noche anterior, había llegado con sus setenta y ocho años a cuestas, había conseguido atravesar la cordillera cantábrica y decidimos correr en su encuentro para ayudarle y llevarle a la pensión en la que nos alojábamos nosotros. Allí fue la última vez que le vimos tras una conversación en la que nos contó que desde Oviedo se dirigiría hasta Toledo para ver la sinagoga de la ciudad manchega, ya no volvimos a coincidir con él en las dos etapas que faltaban hasta alcanzar la capital asturiana, ni en Mieres ni en Oviedo nos vimos, apenas dos días compartiendo momentos peregrinos, pero suficiente para calar hondo en nuestro recuerdo, algo que logra el Camino de Santiago con su magia, transformada en experiencias comunes, experimentadas por todos aquellos que se ofrecen a su forma de vida.

Un nuevo día asomaba en el horizonte. Una nubosidad que se transformó en una ligera lluvia, llamado *txirimiri* por el País Vasco o "Calabobos" en otras partes de la geografía española, iba a ser nuestra compañera de viaje durante la primera parte de la jornada hasta Mieres. Antes de completar los tres kilómetros llegaríamos a un lugar de obligada visita; la Iglesia prerrománica de Santa Cristina de Lena, nombrada Patrimonio de la Humanidad por la Unesco, coronando un pequeño monte totalmente verde en un claro libre de árboles, justo en medio descansa este edificio del siglo IX que bien merece un alto en nuestro camino para contemplar tal joya arquitectónica y cultural.

La siguiente parada la hicimos en Pola de Lena, población de considerables dimensiones que alcanzábamos tras un tercio de la etapa. Me parece algo digno de mención el haber conocido tantas ciudades, pueblos o aldeas simplemente caminando, creando una amplitud mental y cultural estratosférica. Un descanso en un bar para sellar la Credencial y beber un zumo. Veinte minutos de calma y recuperación antes de seguir. Allí sentados me quedé mirando fijamente la televisión del local; un programa cualquiera de por las mañanas rompía el silencio ambiental mientras unos trabajadores afincados en la barra comentaban la vida de quien aparecía en la pantalla. Tengo que reconocer la sensación tan maravillosa que experimenté al darme cuenta que, aun estando allí físicamente, nuestra vida como peregrinos no tenía nada que ver con ese mundo, era como mirar las cosas desde una perspectiva exterior, como si miráramos a través del cristal de una pecera viendo la vida de esos pobres peces dando vueltas de un lado para el otro. Nosotros estábamos siendo testigos, desde fuera de la "burbuja", de la vida de la gente dentro de "ella", esa vida que te obliga a hacer cosas que no te gustan constantemente, que te obliga, a pesar de todo, a tener que dar las gracias por tenerlo cuando no llegas a ser feliz, esa vida gobernada por el dinero, esa vida envuelta por una sociedad egoísta y malsana que te rige los pasos que has de dar, esa vida que es la de todo el mundo, y también la nuestra cuando no estamos peregrinando. Por eso en ese momento me sentí tan bien, porque aun sabiendo que era algo momentáneo, en esos días estaba libre de ataduras, libre de esas presiones y obligaciones rutinarias, y estaba siendo muy feliz.

La etapa discurre muy cerca, en paralelo, del río Lena hasta el pueblo de Ujo (O Uxo. como se empeñaban en poner con spray en cada cartel, reivindicando el dialecto astur denominado "Bable" en un afán de evitar su pérdida definitiva, algo que defiendo para que no caiga en el olvido una parte de la cultura española tan diversa). Aquí el río Lena se une a otros dos: el río Aller y el río Caudal. Este último lo continuaríamos durante casi siete monótonos kilómetros, también en paralelo y por un carril peatonal, por un parque en la ribera del mismo, hasta cruzar por uno de sus variados puentes a la ciudad de Mieres del Camino.

Podemos decir que mucho antes de llegar a Mieres nuestra intención, con premeditación incluida, era la de parar en la primera sidrería que se interpusiera en nuestro camino para degustar una buena sidra natural y una ración de chorizos cocinados con la misma bebida hecha a base de manzana. Y así fue. Era solo un aperitivo, ya llegaría después el menú contundente al que acostumbran por esos lares para terminar de llenar nuestros exigentes estómagos. Debido a que el albergue estaba a las afueras de la ciudad y el hospitalero no llegaba hasta las cinco de la tarde para abrir sus puertas, decidimos comer antes y buscamos un restaurante mientras veíamos la ciudad. Quiero recordar que el menú que elegimos no llegaba a nueve euros y es uno de los mejores sitios en los que he comido; fabada "para dos" (pueden comer algunos más sin duda), escalopines al cabrales y postre casero, todo regado con un vino para pasar cada trago sin sobresaltos.

Al llegar al albergue, situado en las antiguas escuelas como suele ser muy habitual, estuvimos esperando quince minutos hasta que llegó su hospitalero. Nadie más había para entrar, el viejo judío que nos acompañó los últimos dos días no se dejó ver por allí y tuvimos el albergue para nosotros solos. Es cierto que tampoco tuvimos mucho tiempo para descansar porque entre la hora de entrar algo tardía respecto a otros albergues, unido al tiempo de aseo personal y el lavado de ropa correspondiente, tendríamos que sumar el tiempo anterior que estuvimos charlando con el hospitalero, un hombre que se encarga del albergue con una cierta desgana, denotaba dejadez. Es cierto que es de agradecer que alguien se encargue de dichas infraestructuras, pero, aunque es un hombre amable, lo que menos nos apetecía era estar una hora escuchando cada historieta que tenía para contarnos y que no aportaba nada útil.

Última etapa hasta alcanzar Oviedo y el final del Camino del Salvador, aunque a nosotros nos quedarían otras cuatro etapas más hasta llegar a Avilés, lugar que elegimos para terminar nuestro Camino del 2017, dos etapas enlazarían con el Camino del Norte desde Oviedo hasta Villaviciosa y otras dos hasta Avilés para terminar en el lugar que fue testigo de nuestro nacimiento como peregrinos. Pero si nos regimos al Camino del Salvador en exclusiva, únicamente nos restaba una etapa para poder entrar en la Catedral de Oviedo y finalizar este Camino.

Unos dieciocho kilómetros que incluían tres collados en ascenso con sus respectivos descensos, un sube y baja constante para evitar monotonía y aburrimiento en nuestro último tramo hasta visitar a San Salvador. A pesar de las continuas subidas y bajadas no fue una etapa complicada ni dura, como siempre paisajes rurales y mucha naturaleza entre montes y bosques hacían de compañeros de viaje inseparables.

Oviedo se dejaba ver en la lejanía y, a medida que avanzábamos, íbamos perdiendo naturaleza para ganar poco a poco paisaje urbano, cambiando los senderos de tierra por asfalto y bordillos, los árboles y los arbustos por edificios y semáforos. Nos dirigíamos al albergue situado en la calle Leopoldo Alas, en el enorme edificio del Seminario Metropolitano de Oviedo, para dejar la mochila, asearnos y visitar la catedral de San Salvador de manera más cómoda. Haciendo tiempo, hasta que abriera sus puertas por la tarde, fuimos a comer y a callejear un poco perdiéndonos por el entramado de calles Ovetense.

Un banco de madera, con la escolta en forma de estatua del primer peregrino de la historia, el rey Alfonso II el Casto, nos recibió en los últimos minutos de espera hasta que dieron las cinco de la tarde y la iglesia del Salvador abrió sus puertas. Para recibir la Salvadorana, ese documento acreditativo como justificante de haber realizado el Camino del Salvador similar a la Compostela, había que pagar cuatro euros, entrando en el precio la visita con audioguía por la catedral. Es un precio razonable por la cantidad de reliquias que guarda la majestuosa catedral de base gótica en su interior; desde el Arca Santa o el Santo Sudario que, según cuenta la leyenda, cubrió el rostro ensangrentado de Jesucristo. Además, el edificio es una gran obra arquitectónica que merece ser visitada con tranquilidad y observando cada rincón que esconde entre sus muros; la Cámara Santa que fue nombrada Patrimonio de la Humanidad por la Unesco, el Claustro, las diferentes capillas, e incluso, un antiguo cementerio de peregrinos donde les daban descanso a aquellos caminantes medievales que perecían en el intento de llegar hasta Santiago. También recibieron sepultura allí dentro personas de la realeza Astur-Leonesa durante la

[81]

Alta Edad Media en el denominado Panteón de Reyes.

Así, tras la visita a la catedral y la obtención de la Salvadorana, terminaban los ciento veinte kilómetros que separan las dos ciudades cabeceras del Camino del Salvador, pero nuestro viaje continuaba; queríamos enlazar con el Camino del Norte para terminar en Avilés, lugar que inició nuestra peregrinación tres años antes. Para ello tendríamos que caminar dos etapas hasta Villaviciosa y, desde allí, hacer otras dos etapas más hasta nuestra cuna de peregrinos. Para una mayor dificultad, las dos etapas que enlazan con el Camino del Norte desde Oviedo hasta Villaviciosa las haríamos al contrario de la señalización, ya que es un enlace habitual usado desde el Camino del Norte para bajar a Oviedo y continuar desde allí por el Camino Primitivo hasta Santiago, pero no es tan habitual hacerlo al revés, así que se convirtieron en una nueva experiencia en nuestra vida peregrina, eliminando la dependencia de señales que guían en cada intersección, pero con la ayuda del GPS del teléfono móvil para saber por dónde continuar.

Nada más salir de la plaza de la catedral la mañana siguiente, varias personas nos intentaron corregir, advirtiéndonos que íbamos en dirección opuesta. Hacia el oeste se dirigían todos los peregrinos, hacia el este nosotros. Varias veces tuvimos que explicar que queríamos llegar hasta Villaviciosa para continuar desde allí el Camino del Norte y agradecer el buen gesto que tuvieron mientras evitaban que unos desconocidos se perdieran en su recorrido, o eso creían, ya que esos peregrinos sabían perfectamente hacia dónde dirigir sus pasos, libertad de conducir nuestro destino por el Camino de la vida con personalidad, sin tener que seguir la misma dirección que el resto del mundo, haciendo de cada camino el Camino de nuestra felicidad.

Caminar sin una señalización constante guiando la dirección de tus pisadas amplió el abanico de libertad poniendo un punto de dificultad a la etapa; te sientes más libre pero más inseguro y es una sensación muy recomendable, aunque debo admitir que en alguna ocasión me aproveché de las nuevas tecnologías para saber de nuestra localización y poder ver por dónde continuar. Google Maps también hacía el Camino con nosotros esos dos días.

Desde Oviedo continuaríamos por paisajes urbanos e industriales, arcenes de carreteras y senderos rurales durante unos diecisiete kilómetros hasta alcanzar la localidad de Pola de Siero con su bonito albergue; nuevo, limpio, con zona de césped alrededor y la amabilidad de su hospitalero. Durante la etapa cabe reseñar el Puente de Colloto a la salida de la pequeña población con la que comparte nombre y que, posiblemente, sea de origen romano. Por dicho puente atravesamos el río Nora; un afluente del río Nalón y uno de los afluentes más largos de Asturias. Más adelante, como a mitad de recorrido, pudimos ver el Palacio de Meres, una elegante edificación que data del siglo XV y que actualmente es de propiedad privada, alquilándose para diferentes eventos en sus jardines y patio interior, tales como bodas, bautizos, comuniones y demás.

Pola de Siero nos acogió con uno de los mejores albergues que hemos tenido el placer de disfrutar, un completo y barato menú del día para rebosar de energías nuestras agotadas reservas y una frase en la fachada de un bar que llamó la atención de este servidor: "Cada hogaza de pan es una trágica historia sobre cereales que pudieron haber sido cerveza". Sócrates, 374 A.C. A eso lo llamo yo una excelente publicidad, ¡así se vende el producto!

Por lo demás tan sólo nos quedaba comprar en algún supermercado la cena y el desayuno del día siguiente y terminar la faena; lavar la ropa, tenderla, ducharnos, y descansar un poco tumbados en la cama leyendo un libro en formato PDF que llevo en el teléfono móvil o jugando a alguna aplicación de esas "que nadie juega" pero que tiene millones de descargas en Play Store.

Con el calzado bien atado, la mochila ajustada y los bastones en mano comenzaba una nueva jornada de caminar al revés de la señalización oficial, seguíamos dirigiendo nuestros pasos hacia el este, noreste para ser más exactos. La cuna de la sidra nacional, con sus famosas fábricas El Gaitero, esperaba a que dos peregrinos anduvieran veinticinco kilómetros para alcanzarla; Villaviciosa, con su ría y su sidra a raudales, se mantenía rodeada de una naturaleza verde bajo un cielo gris plomizo aguardando paciente nuestra llegada.

Rosas inmortalizadas en primer plano con la cámara de fotos de un móvil. Algún antiquísimo puente ¿Romano? Casi olvidado a su suerte que seguía ofreciendo sus servicios para cruzar esas pequeñas pero engorrosas sendas fluviales que se interponen entre nosotros y nuestro Camino. Mojones dobles que señalan una importante intersección: Ir hacia Gijón o bajar a Oviedo. Eso lo vimos girando la cabeza, claro está, recuerdo que íbamos al revés. Pero lo más significativo fue el monasterio de Valdediós con su descomunal bajada para llegar hasta su imponente figura (Lo normal yendo en la dirección que marca el Camino es encontrarse una fuerte y empinada subida una vez pasado el monasterio) con un desnivel tal que hace que me duelan las rodillas solo de recordarlo. Se encuentra en la vertiente de un valle en un entorno privilegiado con paisajes cautivadores y una tranquilidad idónea para un edificio con esos fines. Cuenta con más de ochocientos años de vida y en su interior da cabida a un espacio como albergue para peregrinos, aunque no tuvimos el gusto de dormir entre sus históricos muros. Como memoria histórica hay que resaltar que el 26 de octubre de 1937, durante la Guerra Civil Española, el monasterio fue testigo de unos crímenes de guerra en el hospital psiquiátrico que estaba situado en su interior, los denominados sucesos de Valdediós, llevados a cabo por el bando sublevado.

Llegábamos a Villaviciosa para dormir en su albergue privado, ya que carece de uno público, con el fin de descansar lo suficiente para poder hacer al día siguiente los treinta kilómetros que separan la localidad sidrera y la industrializada Gijón. En realidad, el enlace que une con el

Camino del Norte lo encontramos unos cuatro kilómetros antes, pero como allí no había nada donde quedarnos, simplemente una intersección en medio del camino, decidimos recorrerlos para descansar en un albergue, a sabiendas que al día siguiente deberíamos pasar por ellos de nuevo cuando volviéramos a seguir la dirección de las flechas amarillas y de los mojones de piedra con su vieira señalando el camino hasta Santiago, o hasta Avilés para nosotros. Desde allí ya lo conocíamos.

El Camino del Norte nos daba de nuevo la bienvenida tras tres años ausentes con una etapa muy pesada, una de las más largas que hemos hecho a la que había que sumar una altimetría con varios desniveles muy pronunciados, ascendiendo muchos metros de altitud en escasa distancia con su correspondiente descenso por bosques cubiertos de helechos. A medida que nos íbamos aproximando a la urbe Gijonesa se perdía la altitud que hizo de compañera inseparable durante la primera mitad de la etapa y los llanos hicieron acto de presencia, a la par que la monotonía de las entradas a grandes ciudades. Los últimos nueve kilómetros, hasta alcanzar la playa de San Lorenzo en pleno corazón de Gijón, fueron eternos, una eternidad que aumentaba la fatiga física y mental a pasos agigantados. Desde el camping de Deva teníamos la posibilidad de seguir el Camino oficial o caminar por la senda fluvial Peñafrancia que, se suponía, amenizaba ligeramente el acceso a la ciudad. De paseo fluvial poco, con un día de calor y sol intenso se convirtió en un secarral costoso y aburrido. Seguramente el cansancio acumulado nos hizo ver más negativo el último tramo de lo que realmente sea, pero hay momentos que el cuerpo te pide parar y ese era uno de ellos. Durante aquella monotonía tuvimos tiempo todavía para fijarnos en unas extrañas bolas verdes que vimos esparcidas por el Camino a lo largo de toda la etapa y que, suponiendo yo sin ningún valor científico debido a mi escasez de conocimientos del mundo rural, deberían ser algún tipo de insecticida para el campo o una especie de fertilizante. Unas simples bolas verdes que nos dieron un momento de risas inexplicables, esos momentos que no tienen explicación ni la quieres encontrar, la disfrutas sin pensar, bienestar sincero y puro con un valor incalculable.

Arrastrando los pies por tramos empolvados, secos, sin ningún atisbo de esa senda fluvial que nos habían prometido que amenizaría los últimos pasos de nuestra etapa, allí en medio de la nada sin ser capaces aún de vislumbrar la ciudad que sí pudimos observar desde lo alto de uno de los collados del primer tramo. Allí en medio, como si de una alucinación o un espejismo se tratara, como un oasis en medio del desierto vimos un edificio que no correspondía para nada con el entorno, algo salido de una película, como si hubieran trasladado una de las construcciones de Constantinopla hasta ese paraje desértico previo a Gijón. Obviamente había que comprobar que no era un espejismo fruto del calor y el cansancio, y "San Google" nos daría la respuesta. La Universidad Laboral de Gijón era lo que teníamos a nuestra derecha, o lo que es lo mismo, el edificio más grande de España con sus 270.000 metros cuadrados. La obra tuvo su origen a mediados del siglo XX para dar un hogar a los huérfanos por accidentes de la minería tras uno grave que ocurrió en una mina de la cuenca del Caudal. Hoy en día su uso es responsabilidad de varias instituciones que se encargan de seguir dándole una utilidad y mantenerlo vivo con una amplia gama cultural.

Mirando con atención el suelo, observando los acompasados movimientos de nuestros pies al caminar; infinitud de rítmicos pasos que continúan con su labor de seguir avanzando. No queríamos mirar más allá, ya no teníamos fuerzas para comprobar si estábamos acercándonos a Gijón, o si cada vez se alejaba un poco de nuestra posición. Tan solo nos quedaba seguir fijando la mirada en el suelo con el vaivén de nuestros pies asomando de atrás hacia delante y viceversa mientras rompía la monotonía visual del terreno.

Ocho horas andando y ni rastro del objetivo físico. Porque el objetivo es vivir el momento, sí, de acuerdo, pero necesitábamos llegar al objetivo físico y sentarnos a comer. Caprichoso cuerpo que no cesa en sus tentaciones constantes a la mente: "No puedes más", "estás cansado", "parece que no llegas nunca", "tienes hambre", "te duelen los pies". El cuerpo te reta con señales constantes que pueden quebrantar tu paz mental y tu moral. Pero la mente, cuando está serena haciendo caso omiso a los caprichosos deseos del malcriado continente de carne y hueso, es capaz de contraatacar contestando: "Es fácil, sólo tengo que dar un paso más" porque es lo único que necesitas en el momento, siempre puedes dar un paso más, es precisamente lo que hay que hacer tras un paso; dar otro. Y eso simplifica la tarea por muy dificultosa que llega a ponerse. "No tengo que llegar a Gijón, ni a esa farola que se ve a lo lejos, ni atravesar esa carretera que estará a doscientos metros. Después del paso que he dado, tan solo tengo que dar uno más, tarea más fácil imposible y que nos permite llegar hasta donde queramos sin agobios, ni cansancios, sin caer en debilidades ni caprichos corporales. Un paso más y llegarás al infinito. Es sencillo. Paso a paso.

En ese final de etapa aprendí mucho esa mentalidad, ya no valía mirar cuánto restaba para llegar. Había que reducirlo todo al mínimo micro objetivo; un paso más y punto. Porque mirar todos los kilómetros que llevábamos andados y los eternos últimos que nos quedaban sólo iba a destruir nuestro ánimo y a multiplicar exponencialmente nuestro cansancio.

Con esa filosofía, y con la guerra que libraban cuerpo y mente para ver quién se hacía con el control, nos encontramos de frente con el Estadio de fútbol "El Molinón", casa del centenario Sporting de Gijón que nos avisaba de la cercanía de finalizar con éxito nuestra etapa. Gijón se hizo de rogar, pero ya se dejaba ver; su bonita playa de San Lorenzo y la iglesia con la que comparte nombre, su paseo marítimo, su puerto deportivo, sus parques regalando algo de verdor a sus adoquinadas callejuelas, su plaza Mayor, y su casco antiguo en el cabo Cimadevilla coronado por la escultura de Eduardo Chillida "Elogio del horizonte", haciendo honor a su nombre hacia un horizonte espectacular del mar Cantábrico. Toda esa belleza que vimos después de lo primario, porque lo primero que hicimos al entrar en la ciudad, junto al paseo marítimo, fue ir a una conocida hamburguesería –por ser lo único abierto a las cuatro y algo de la tarde- y poder sentarnos a comer de una vez por todas, no sin antes esperar una cola de tres cuartos de hora mientras estaba oliendo a sudor con la ropa llena de polvo y barro. Ya con la hamburguesa siendo devorada en segundos pudimos contemplar por el rabillo del ojo, a través de los ventanales del establecimiento, la bonita vista de la playa que teníamos desde la mesa. Cuando el hambre aprieta ya se sabe, por muy espectacular que sea la vista ahí gobierna el estómago y ni la mayor maravilla del mundo puede hacer que los ojos reclamen tu atención.

Ni rastro del cansancio que nos apagaba la luz de nuestra cordura unas horas antes. Olor a mar que percibe nuestra nariz acompañado por la brisa marina tan suave y relajante que nos envuelve en ese halo bohemio de tranquilidad y nostalgia. Sonido inconfundible del mar rompiendo en las rocas. Graznidos de las gaviotas que sobrevuelan nuestra posición en busca de algo que llevarse al pico. Ahora todo era espléndido y maravilloso. Esa manera de cambiar nuestra percepción de la realidad según estemos descansados o no, con hambre o saciados. Lo que unas horas antes era todo negatividad ahora el mundo se ha convertido en un lugar estupendo lleno de espectáculos sensoriales.

Con la bipolaridad en nuestro estado de ánimo nos dirigimos al hostal que teníamos reservado debido a que Gijón no cuenta con un albergue para peregrinos como tal. Allí dejamos la mochila, nos duchamos y nos fuimos a ver el bonito casco antiguo y el denominado Cimadevilla donde se encuentra; ese cabo que se mete en el mar y en cuyo monte se alza esa escultura de Chillida que ya he comentado y que posee una vista espectacular del mar Cantábrico a modo de mirador. Es un lugar perfecto para meditar mientras te pierdes en la lejanía del horizonte y respiras paz elevándote sobre la ciudad que continua con su ajetreo constante a tus pies. Atardecer místico que alarga sombras y melancolía a partes iguales.

El resto de la tarde fue turística al completo; callejeando viendo cada rincón de su casco antiguo, cena de tapeo y sidras y una visita a un mercado artesano en su plaza Mayor. Sí, después de treinta kilómetros estuvimos paseando viendo la ciudad, nuestras ganas de visitar un lugar nuevo nos vencieron, y a eso debemos sumarle el hecho de que es quitarte la mochila y pareces más ligero que una pluma. Sensación extraña notando que te falta algo, como si te extirparan una parte de ti y, sin embargo, andar con una soltura de agradecer sin el peso extra del bulto unido a tu espalda.

Siete de la mañana e iniciábamos un nuevo día en el que disfrutar la última etapa de este Camino. Etapa que nos llevaría hasta el comienzo del primero; Avilés pondría punto y final a nuestro tercer Camino de Santiago y punto y aparte para los que vendrán.

Los primeros pasos sobre la ciudad, con nuestro atuendo peregrino perfectamente ensamblado, nos llevaron por el puerto deportivo. Nuestro día apenas comenzaba y nos cruzamos con varios jóvenes que aún no habían finalizado su día anterior; se atisbaba de lejos un exceso etílico con su correspondiente actitud descontrolada que genera vergüenza ajena desde nuestro punto de vista. Supongo que es lo normal siendo fin de semana. Como peregrino me veía muy apartado del resto de vidas cotidianas. Era como vivir en otro mundo dentro de ese. O como si ese mundo estuviera dentro del nuestro cual bola de cristal de esas que al agitarla comienza a nevar. No sé muy bien cómo, pero sí sé el por qué: yo estaba muy feliz viviendo como un peregrino y disfrutando en los buenos y en los malos momentos, y dudo mucho de la felicidad de aquellos individuos en ese preciso instante que se rendían ante la obviedad de su derrota frente al malestar estomacal mientras expulsaban hasta la primera papilla que se tomaron. Pobres infelices arrastrados por esa ola de ignorancia que, como borregos ante una clara falta de personalidad, les hace caminar a donde vayan los

[89]

demás sin ninguna opción de elección propia.

Nosotros a lo nuestro, a seguir flechas amarillas que nos dirigían hasta nuestra libertad y el final de otro Camino. Veinticinco kilómetros que dan fe más que suficiente de las dos grandes ciudades de la industria siderúrgica. Salir de Gijón no fue precisamente agradable para la vista ni para nuestros pulmones; fábricas, chimeneas arrojando humo negro a la atmósfera, vías de tren, carreteras o polígonos industriales fueron compañeros fieles de viaje. Por suerte todo el tramo central de la etapa discurre por un entorno rural, con mayor tranquilidad y menos contaminación. Lo único reseñable en cuanto a altimetría es la subida al Monte Areo con 185 metros de desnivel, es decir, etapa cómoda que no exige mucho de capacidad física a pesar de su respetable distancia.

Una larguísima recta por el arcén de una carretera iba a ser el último tramo antes de parar en una cafetería a descansar y comer algo. Varios intentos fallidos anteriores con diversos bares cerrados y con alguna pequeña población sin servicios prolongaron más de los deseado nuestra parada de avituallamiento. Durante ese recorrido monótono por carretera esquivando infinitud de caracoles para no pisarlos y otros tantos que no tuvieron la misma suerte de no ser aplastados, ya sea por goma de neumático o de suela de bota, nos encontramos con dos peregrinos que se acababan de conocer y que iban caminando juntos; un asturiano que estaba haciendo su primera etapa de su primer Camino y otro de algún país de Europa que no recuerdo cual era, mientras el primero repasaba su inglés con el acompañante extranjero haciéndose compañía mutuamente. Mantuvimos una charla con el chico español hasta la llegada a la cafetería, y después continuó con nosotros en los últimos cinco kilómetros hasta Avilés por un paseo fluvial junto a su ría.

Charlando, intercambiando información y aconsejando al inexperto que recién se iniciaba en el mundo de la peregrinación, se nos hicieron muy amenos esos últimos metros antes de cruzar definitivamente la ría por uno de sus puentes y adentrarnos en el corazón de Avilés dirigiéndonos hasta su albergue; ese viejo conocido que tres años atrás había bautizado nuestras inexpertas mentes de futuros peregrinos. Ahora llegábamos a un albergue renovado, que había sido restaurado y mejorado claramente respecto al que nos recibió aquel verano en el que nos llevamos la mochila para ir a comprar con una desconfianza total hacia algo nuevo por descubrir, o ese mismo sitio en el que apenas dormí por la noche debido a esa expectación que nos mantuvo en vilo ayudado por la escrupulosidad de un recién llegado de esa "burbuja" denominada sociedad.

Allí volvimos a sellar y dejamos al chico recién conocido que se instalara y diera inicio a su cuentakilómetros particular como peregrino mientras nosotros salíamos de allí con la seguridad que da la experiencia ganada a base de caminar, de sufrir y de disfrutar, dando por finalizado otro Camino más, sumando un total de setecientos cincuenta kilómetros entre los tres ya realizados. Un Camino que no tuvo un final tan espectacular como los otros dos; no estábamos frente a la Catedral de Santiago ni viendo un atardecer en Finisterre, era un final más humilde, simplemente saliendo de un albergue para terminar nuestro último Camino, o mejor me corrijo, para terminar nuestro penúltimo Camino, porque siempre habrá un Camino más que realizar, primero organizado en papel para después plasmarlo en la realidad. Es una filosofía de vida que no podemos abandonar y nos quedan muchos Caminos por conocer, estando siempre dispuestos a salir de la "burbuja" en cuanto tengamos la mínima oportunidad. Una experiencia de vida que se convierte en una forma de vida hasta darnos cuenta que es la vida misma simple y llanamente, una vida humilde y sincera que nos permite disfrutar al cien por cien nuestro tiempo, sin malgastarlo en tareas rutinarias y aburridas que no nos aportan nada, mientras nos acerca a la felicidad máxima de sentirnos libres y dueños de nuestro destino.

LA MOCHILA; TU CASA, TU MAESTRA

Para hablar de la mochila que llevamos con nosotros en el Camino es necesario verla como una fuente de aprendizaje más que como un simple objeto de transportar pertenencias. Digo que la mochila es tu casa porque evidentemente también se usa con el fin para lo que se ha fabricado, que no es otro que el de llevar tus posesiones materiales. Es tu casa porque durante el periodo que dura tu viaje de peregrinación es lo más parecido a un hogar que podemos tener, y, al igual que éste, la usamos para salvaguardar nuestras citadas pertenencias.

Al igual que un caracol o una tortuga que lleva su caparazón a cuestas durante toda su vida, el peregrino caminará con la mochila, pasando de objeto a formar parte de su propio cuerpo como un apéndice adherido a su espalda. Aprendes a ajustarla según la necesidad del momento, llegados al punto de saber cómo poner las correas de ajuste dependiendo de si vamos subiendo una pendiente, si estamos en un descenso pronunciado o si llaneamos tranquilamente. Porque el propio peso de la mochila del que a veces nos quejamos tanto, puede ser de gran ayuda según se ajuste de una forma u otra, en subidas ha de estar bien pegado a la espalda, muy ajustado para que el peso no nos eche hacia atrás a la hora de subir, mientras que si bajamos una pendiente pronunciada es aconsejable soltar un poco las correas para que la mochila se eche hacia atrás y así nos equilibre, mientras tu peso tiende a bajar debido a la gravedad, la mochila te restará parte de ese peso tirando de ti en dirección contraria a la bajada. La sientes como parte de ti, conoces cada rincón que te ofrece para guardarlo todo de la manera más eficiente y así aprovechar el espacio adecuadamente.

Y antes de continuar explicando la mochila, vamos a hacerla. A continuación, ofrezco una lista de cosas que, según nosotros, es lo que necesitamos para hacer el Camino de Santiago. Pero vuelvo a repetir, es una opinión más, y por supuesto, habrá discrepancias de otros peregrinos que crean que falta o sobra algo. Pero en líneas generales, y después de tres Caminos hechos hasta la fecha, es la lista casi perfecta según nuestras prioridades, aunque seguiremos mejorándola sin duda, siempre estamos en continuo aprendizaje y todas las ideas que se pueden coger de otros peregrinos serán bienvenidas.

Lo más importante a la hora de hacer la mochila es ver qué es realmente necesario y qué no. Hasta que vayamos aprendiendo, sobre todo en el primer Camino, a comprobar lo que necesitamos de manera innegociable, nuestra compañera de viaje se llenará de "por si acasos", siendo los mayores enemigos para el sobrepeso de ésta. Un "por si acaso" es todo aquello que dudamos si necesitaremos o no, y que al final solemos meter para luego no usarlo nunca. Eso es válido cuando vas de vacaciones a la playa, porque el que soporta esa carga de más es el coche o el autobús. Cuando el que lleva toda la carga durante muchos kilómetros andados eres tú mismo ahí es donde te das cuenta de lo que es realmente necesario y lo que no tendrías que haber metido.

A la hora de identificar a un "por si acaso", que es más fácil de lo que creemos, nos tenemos que preguntar lo que seguro tenemos que meter; nadie dejaría sin guardar la ropa interior, unos pantalones o una toalla para la ducha, y también tenemos claro lo que no hay que llevar. Ahora bien, la duda es cuando algo no es imprescindible pero que podemos usar en algún momento, los denominados "por si acaso", y como consejo solo puedo decir que, si algo no es imprescindible, no lo metas, no es necesario. Si dudas es porque no sabes si lo usarás y algo que no sabes si vas a necesitar, realmente no lo necesitas. Si hay algo innecesario que llevas, al final va a ser muy superior, en la balanza de la comparativa, el sobrepeso que cargará tu cuerpo con el beneficio que te pueda llegar a dar, en el caso de que lo uses, estando la posibilidad de que ni siquiera llegues a ponerlo en juego nunca.

Por eso recomiendo olvidar los "por si acaso". En el Camino hay cosas que necesitas, y que no puedes dudar de si llevarlo o no, entonces las llevamos, y cosas que no necesitas, para nosotros es como si no existieran, y eso no se lleva o tu cuerpo te lo recordará a cada paso que avances con ese peso innecesario a cuestas.

Este aprendizaje que nos aporta la mochila es válido no sólo para el Camino de Santiago, también nos servirá para la vida en general, para aprender a valorar lo que tenemos y lo que realmente necesitamos. Esa humildad de reducir todo al mínimo espectro, siendo más feliz a medida que disminuyen tus aferramientos materiales.

Lista de pertenencias materiales necesarias para hacer el Camino de Santiago:

✓

Mochila: Parece obvio, pero hacer la mochila sin mochila como que no. La mochila ha de ser de entre 30-40 litros de capacidad, menos de 30 creo que no es viable para llevarlo todo y más de 40 es excesivo para llevar lo necesario. Para un buen soporte sobre el cuerpo deberá llevar un cinturón ancho y acolchado para colocarla sobre nuestras caderas. El resto del apoyo sobre la espalda también deberá ser acolchado y si tiene una redecilla de ventilación mucho mejor. Tendrá una correa ajustable a la altura del pecho para cerrar bien las tiras que van sobre los hombros, y que por supuesto, el acolchado será importante para evitar sobrecargas. Se dice que deberemos llevar un 10% de nuestro peso en la mochila, es decir, que si peso 85 Kg deberé llevar un máximo de 8´5 Kg, aunque ya voy adelantando que eso es difícil de conseguir, y a la hora de ajustarla dicen los expertos que sobre el 70% del peso total de la mochila deberá ir apoyados sobre nuestras caderas en el cinturón ya nombrado anteriormente que lleva para ajustarse al cuerpo y sólo un 30 % del peso deberá ir sobre los hombros. Esto es muy importante, ya que la mayoría de personas piensan que la mochila se sujeta exclusivamente en los hombros y es un error muy común que fomenta lesiones y sobrecargas musculares fácilmente evitables.

Luego en los detalles es dónde cambia una mochila u otra, por ejemplo, a mí me gusta que lleven unas gomas elásticas en la parte superior para llevar ahí la esterilla, y otras gomas más pequeñas en los laterales, que sirven para meter los bastones o bordones de caminar, aunque también pueden ser usados para colgar los calcetines y demás prendas de vestir si después de haberlos lavado no se han llegado a secar, por lo tanto, los dejas colgados de dichas gomas y ¡A caminar se ha dicho! Sí, la mochila también se usa de tendedero.

Suelen llevar también varias correas por los lados para ajustar la mochila y tenerla más compacta, en el caso de que sobre algo de espacio.

Bolsillos llevan varios, la colocación de los mismos variará según cada una, la mía lleva: dos laterales bastantes grandes para tener cosas más pequeñas a mano, una redecilla en el frontal, otro bolsillo de menores dimensiones en la parte superior, y una especie de bolsillo unido al cinturón de ajuste de la cadera donde se puede guardar las cosas más directas, como la cartera del dinero o un móvil. Con esos tienes más que suficiente para guardarlo todo.

Algo muy cómodo es que lleven una cremallera en la parte de debajo de la mochila para poder abrirla desde ahí y sacar algo sin tener que deshacer toda la mochila desde la abertura superior.

✓ Tienda de campaña: Quizás es lo que más controversia creará, estamos hablando de llevar lo justo, el mínimo peso posible y voy yo y meto una tienda de campaña para dos personas que en mi caso pesa 2´4 Kg… muy lógico no parece. Muchos dirán que si es algo que puedes usar en algún momento o no usarlo entonces se convierte en un famoso "por si acaso" que hablé con anterioridad. Pues sí, la tienda es el único "por si acaso" significativo que llevo, suena contradictorio con lo que predigo, pero tiene una explicación. Como hablaré más adelante, uno de los aspectos que hacen único el Camino de Santiago es la sensación de libertad, y la tienda es una de las cosas que más me aporta esa sensación. Llevar la tienda de campaña me supone no depender de ningún albergue, en el caso de que no haya al final de la etapa, esté cerrado por obras, estén todas sus plazas ocupadas, o cualquier imprevisto que pueda surgir. No depender de ningún hotel, ni de ningún pueblo, si quiero seguir más pues continúo, y si no hay nada para dormir, ahí tengo mi tienda, sea en camping o en cualquier lugar donde no moleste a nadie y ya que pernoctar una noche en un viaje itinerante no está prohibido (ten en cuenta que has de estar a más de cien metros de la línea de costa) tengo la posibilidad de quedarme a dormir sin ninguna preocupación en cualquier lugar. No depender de nada hace que tengas una libertad total, todo lo que necesitas lo llevas encima contigo mismo. Esa sensación no se puede pagar con dinero. Por eso vale la pena cargar con ella.

Repito una vez más, es sólo mi opinión y mi forma de ver el Camino. Estadísticamente la mayoría de los peregrinos no llevan tienda de campaña, y si me preguntan si es necesario llevarla para hacerlo yo diría que no, no es necesario, sobre todo en Caminos muy concurridos donde hay oferta de alojamiento suficiente como para no tener que llevar un sobrepeso como ese.

La elección es libre para cada uno, yo necesito esa libertad que me ofrece, otros preferirán aligerar peso y no llevarla; ambos son válidos, solo ser conscientes de que lo que guardes en la mochila tenga un sentido, con que lo tenga para ti suficiente, y si después de haberlo terminado crees que volverías a guardarlo, entonces se convierte en un "por si acaso" perfectamente útil, por lo menos para ti, aunque para el resto no sea más que una carga innecesaria. Esas decisiones te las ofrece la experiencia, y la experiencia no es sino una acumulación de errores, así que no tengas miedo a equivocarte.

✓

Saco de dormir: El saco dependerá de la estación del año en que hagamos el Camino para elegir uno acorde a la temperatura de confort dentro del mismo, yo suelo llevar uno de 10°C-15°C que soporta una temperatura mínima de 5°C y suelo hacerlo entre los meses de junio a septiembre, ya que, aun siendo verano, en el norte de España por las noches baja bastante la temperatura, y con más motivo si estás en una etapa de montaña o si duermes en la tienda de campaña. Pesa alrededor de un kilo.

✓ Esterilla: la esterilla no es tan necesaria si duermes siempre en albergue, pero como no pesa casi nada yo prefiero llevarla, teniendo en cuenta que puedo dormir en tienda y ahí sí resulta de gran necesidad. Suelen tener una cara aislante y otra acolchada transpirable. Recordar siempre colocar el lado del aislante sobre el suelo directamente y el acolchado boca arriba. No se necesita una de gran grosor, aunque eso ya va en la preferencia de cada uno y su comodidad.

✓ Almohada hinchable: Algo también pensado para la tienda de campaña. Como ventaja tiene el escaso peso apenas apreciable y que nos puede salvar una noche de descanso. En los albergues siempre suele haber almohada, entonces depende de cada uno y de su organización el llevar almohada hinchable o no, como siempre libertad de elección.

✓ 2 Bastones o bordones de *trekking:* Aunque haya gente que lo hace sin ellos, para mí son imprescindibles, te ayudan a subir o bajar cuestas con gran desnivel sirviéndote de apoyos, y te ayudan a caminar en llano teniendo tracción e impulso con los brazos y así aligerar carga a las piernas. Lo único destacable es saber colocarlos a la altura correcta, formando un ángulo de 90° con los brazos cuando los tengamos cogidos por el mango y apoyados en el suelo. Ya elige cada uno si gastarse más o menos dinero en ellos, pero todos te van a ayudar al mismo fin.

✓ Bolsa de agua con pajita y botellas de plástico: Algo muy importante cuando caminamos largas distancias, al igual que en cualquier actividad física, es hidratarse correctamente. Beber agua resulta algo clave debido a la pérdida de líquidos mientras hacemos la etapa, sobre todo mediante la sudoración. Con la experiencia ganada me he dado cuenta que es muy cómodo llevar una bolsa de plástico con pajita para rellenarla de agua y así poder beber mientras seguimos andando sin tener que quitarnos la mochila. La mía tiene una capacidad de un litro, y además llevo dos botellas de medio litro cada una en los bolsillos laterales como repuesto, aunque depende de la longitud de cada etapa las lleno todas o no, volvemos al "depende", cada uno tiene que valorar si necesitará tanta agua o si por el camino se podrá rellenar o no.

✓ Navaja multiusos: Es algo que puedes llevar o no, pero usarse se usa y por lo tanto lo recomiendo, es pequeña con un peso ligero y te puede aportar: tijeras, navaja, linterna, lima, abrebotellas, hasta un palillo dental, cada una es un mundo, las hay con más opciones o menos, pero mientras sea ligera es útil tenerla con nosotros.

✓ Vasos de plástico plegables y cucharas pequeñas: Siempre me gusta llevar el desayuno conmigo y como es la comida más importante del día, es lo primero que hago al levantarme. Los vasos y las cucharas de plástico son muy ligeros y para menor ocupación de espacio los vasos pueden ser plegables, nos da un uso diario para beber leche o agua y poder desayunar cargando al máximo nuestras energías.

Para lavar lo escasos cubiertos que llevamos se puede tener un bote muy pequeño relleno de lavavajillas, ya que en los albergues puede que haya o no, siempre es una sorpresa el ir a un sitio nuevo, nunca sabes lo que te encontrarás.

✓ Imperdibles y una cuerda fina: Los imperdibles nos sirven como pinzas para tender la ropa recién lavada, su peso es insignificante. La cuerda es opcional para improvisar un tendedero en cualquier lugar. En los albergues suele haber sitio para lavar y tender la ropa, pero puede que estén llenas todas las cuerdas disponibles, o tener que tender estando en la tienda de campaña, así que bastará atar la cuerda entre dos árboles y poner ahí las prendas a secar. Si de todas maneras cuando partamos por la mañana temprano sigue mojada, no hay problema, se cuelga de las correas de la mochila y ya se secará de camino.

✓ Teléfono móvil y su cargador: El Camino es desprenderse de las cosas materiales, de acuerdo, pero llevar móvil se convierte en obligatorio por seguridad, nos da la posibilidad de llamar en caso

[99]

de emergencia y tenemos GPS y mapas, en el caso de disponer de conexión a internet, por si nos perdemos en alguna etapa más compleja de algún Camino más montañoso o peor señalizado. Yo también lo uso como ocio para los momentos de descanso al finalizar la etapa, con libros en PDF para leer un rato, por ejemplo. Siempre digo que si no quieres usarlo estás en tu derecho, pero llévalo contigo, la seguridad es muy importante y el móvil se convierte en una herramienta fundamental.

ROPA:

✓
Calzado cómodo y plantillas: Seguramente es lo que requiere mayor atención dentro de la ropa pues en acertar en la elección del calzado reside gran parte de nuestras esperanzas en acabar el Camino perfectamente, sin contratiempos a modo de lesiones o ampollas. Unos pies sanos son nuestro pasaporte peregrino, nos dan la seguridad y la libertad de llegar hasta donde nos propongamos.

Mi recomendación es que cada uno elija el calzado con el que más cómodo vaya y que esté totalmente acostumbrado al mismo, siendo importante que no se estrenen en el mismo Camino, es decir, han de ser bastantes nuevas pero que las hayamos usado un tiempo antes con asiduidad.

Aquí no hay ninguno que sea el perfecto para todo el mundo. En mi caso voy con zapatillas de deporte, las denominadas *running,* ya que llevo muchos años dedicado a la actividad física y me parece el más cómodo, ya sea para correr o para caminar. Son blandas al hacer el movimiento natural del pie al andar, pueden llevar una buena amortiguación a modo de gel en la suela, y traccionan bien en cualquier terreno (nunca he tenido ningún problema en ese sentido) ya sea asfalto, tierra, barro, hierba, rocas, terreno mojado, etc.

Si bien lo más común suelen ser las botas de montaña, como ventaja tienen que impermeabilizan mejor los pies en caso de lluvia o humedad y si son de caña alta te protege el tobillo ante torceduras que podrían llevar a un esguince no deseado. Como negativo puedo decir que a mí me parecen muy duras, no se ajustan tanto a la forma del pie y si se hace el Camino en verano pueden ser muy calurosas.

Otra opción que tenemos son las zapatillas de *trekking*, que se podrían clasificar como algo intermedio entre las dos anteriores, porque tienen una suela más gruesa, con un dibujo bastante perfilado, pero son más cortas que unas botas. Yo las desaconsejo por una experiencia negativa que tuve con ellas, no digo que no sean buenas o que a alguien les pueda parecer las correctas para hacer una travesía así, pero las que yo probé me hicieron una tendinitis en los tendones de Aquiles de ambos pies debido a su dureza. Las había usado varios meses antes, pero haciendo menos distancia, y las etapas del Camino fueron demasiado para soportar ese calzado tan rígido.

Entre estos tres estarían los más comunes, aunque puede haber otras opciones, ya cada uno es libre de elegir el que desee siempre teniendo en cuenta que acertar en esta decisión es muy importante a la hora de disfrutarlo y no sufrir daños indeseados.

Las plantillas ya van incorporadas en el calzado, pero no está de más conseguir algunas que sean mejores que las que vienen por defecto, con una buena amortiguación que ayudará a evitar lesiones en tobillos y rodillas, aunque no es algo de obligado cumplimiento, solo es una recomendación para una mayor comodidad a la hora de andar.

✓

Chanclas de *Trekking:* A la hora de organizar la mochila es muy recomendable ser prácticos, y si podemos llevar un 2x1 ganamos un uso extra ahorrando espacio. Ahí entran en juego las chanclas de *trekking*. Son un calzado que nos sirve para andar cuando necesitemos descansar de nuestro calzado habitual, y que nos ofrecerá mayor ventilación para el periodo de verano incluso usándolas con calcetines, algo recomendable para evitar rozaduras, con una suela apta para todas las superficies y que ofrece una estabilidad perfecta a nuestros pies. Y el otro uso que vamos a darle a diario es a la hora de ducharnos en los albergues, siempre y cuando nuestras chanclas sean de plástico y no de tela. Es primordial cuidar los pies como ya he nombrado anteriormente y para ello necesitamos evitar los posibles contagios de hongos como los papilomas que son muy frecuentes en lugares húmedos y que pueden convertir nuestra peregrinación en un infierno. Por eso ducharse con chanclas es una actitud higiénica básica. Además, con ellas sólo necesitaríamos llevar dos pares de calzado en total, el principal para caminar y dichas chanclas.

✓ 3 Pares de calcetines: Para terminar de equipar a nuestros medios de transporte llevaremos los calcetines. Con tres pares tenemos de sobra; los puestos, los limpios para la etapa siguiente y otros limpios que podría ir secándose colgados de cualquier parte que la mochila nos ofrezca como un tendedero improvisado. Han de ser calcetines muy ajustados para evitar rozaduras y las tan temidas ampollas, estirándolos bien sin dejar lugar a posibles arrugas. Pueden ser de caña baja o caña alta siempre acorde al calzado que llevemos, aunque recomiendo de caña alta para ajustar bien el tobillo y que no haya opción a que se nos pueda bajar el calcetín. Los mejores son los denominados de *trekking* especialmente diseñados para caminar largas distancias y que llevan refuerzos en las zonas más conflictivas del pie; metatarso, dedos meñiques que reciben mucha fricción, y el talón.

✓ 2-3 Pantalones: Los pantalones los hay de todo tipo y cada uno escogerá el que mejor le convenga y le guste. Están los pantalones de senderismo típicos, pantalones de chándal, las mallas tan de moda que son muy cómodas porque se ajustan y evitan rozaduras en las piernas para los que sufran en ese sentido, incluso he visto peregrinos con vaqueros, aunque no parece lo más recomendable para caminar, pero creo que como máximo deberíamos llevar tres, más de eso me parece innecesario. Yo suelo llevar uno corto con bolsillos con cremallera y que se ajuste bien en la cintura, y, otro largo pero desmontable para hacerlo corto y al igual que el otro con bolsillos. Cuando he llevado un tercer pantalón, que no siempre, llevaba uno que denominaba de "descanso", uno corto más cómodo, ligero y sin bolsillos para cuando terminaba la etapa

[102]

y después de ducharme. La verdad que con dos creo que son suficientes, a menos peso, mayor será el agradecimiento de tu cuerpo por no hacerle cargar con un "por si acaso". Cuando me ducho me pongo el limpio y el otro lo lavo, punto.

Cabe destacar que suelo hacer el Camino en verano o periodos más cálidos, para quién lo haga en invierno o con temperaturas más bajas necesitarán llevar todos los pantalones largos y de telas gruesas para combatir mejor el frío. Otro punto a destacar a favor de los pantalones largos es que protegen la piel frente a la reacción de las ortigas, compañeras inseparables del Camino o pueden evitar mejor las mordeduras de garrapatas que también están al acecho en zonas con la vegetación más salvaje.

✓

3 Camisetas: En total han de ser tres, dependiendo si es invierno o verano ya elegimos la mejor opción en cuanto al material. Yo llevo una de manga larga, fina, pero térmica y que se ajusta muy bien al cuerpo, y otras dos de manga corta, normales, de algodón de toda la vida. Los hay que prefieren las sintéticas que en teoría transpiran mejor y evacúan el sudor, pero personalmente no me gustan mucho. Las tres camisetas se suelen repartir de la siguiente forma cuando ya llevamos varias etapas; una que llevamos puesta ese día, otra limpia para el día siguiente y que va guardada en la mochila y la tercera y última que solemos llevar colgada de la misma para secarse en el caso de que no lo hubiera hecho ya la tarde anterior. En el caso de hacer una etapa con temperaturas más gélidas, que pueden estar presente incluso en verano si pasamos por puertos de montaña con una altitud considerable, entonces podremos ponernos la térmica debajo y encima la de manga corta, y alguna capa más superficial aparte. Pero repito, más de tres camisetas es llevar peso extra de manera innecesaria, siempre según mi criterio y experiencia previa.

✓

3 Prendas de ropa interior: Aquí hay poco que decir, al igual que las camisetas o los calcetines, llevaremos una puesta, otra guardada limpia para el día siguiente, y la tercera se seguirá secando sobre la mochila o si ya estuviera seca iría guardada junto

a la otra. También me parece que llevar más es innecesario a pesar del poco peso que aportaría, pero recuerda; todo suma, por muy poco que parezca no podemos caer en eso porque al final lo haremos con todo y sumará demasiado peso que nuestro cuerpo nos terminará por recordar a cada kilómetro que andemos. Así que con tres tenemos suficiente, cada día lavaremos el que hayamos usado y solucionado.

✓

Una sudadera con capucha o polar: Por supuesto hablo en verano, porque si fuera invierno deberíamos llevar algo más, por no hablar del abrigo, guantes o gorro que no hablaré en esta lista. Siempre es necesario llevar algo que abrigue, pues en muchos Caminos la temperatura es bastante fría, sobre todo por las mañanas (incluso en verano) y es algo que se usa casi a diario. En mi caso elijo una sudadera deportiva con capucha y bolsillos con cremallera, me parece lo más cómodo y la capucha me sirve para protegerme la cabeza del frío. También se puede llevar un jersey o un polar, como siempre cada uno elige la prenda que desee, ya sea por comodidad o calidez de la misma.

✓

Un poncho que cubra también la mochila: El poncho es totalmente necesario en caso de lluvia, aunque hay personas que prefieren llevar un chubasquero normal y cubrir la mochila con un plástico especialmente diseñado para tal fin (un cubremochilas que algunas lo llevan ya incorporado al comprarlas), incluso he visto peregrinos que llevan paraguas, no pesan mucho, pero ocupan más que un poncho o chubasquero. Yo recomiendo el poncho por comodidad, con uno solo nos tapamos a nosotros y a nuestra compañera de retaguardia, como se suele decir, "matamos dos pájaros de un tiro".

✓

Una braga: Prenda que tiene muchas ventajas y nos da variedad de formas de utilización; nos sirve para el cuello en caso de que el frío haga acto de presencia, también nos permite secarnos el sudor de la frente en momentos de calor cuando el sol atiza con todas sus fuerzas, te la anudas en la muñeca y segundo uso que nos ofrece.

[104]

El tercero también está relacionado con el sol, en este caso como protección directa de la cabeza poniéndola como un pañuelo, así me ahorro el llevar gorra, algo que alguna vez he llevado pero que con la braga he terminado por eliminar de mi lista. La braga que yo llevo es fina, de algodón, y larga para permitirme colocarla como un pañuelo tapándome la cabeza y dejándola caer por la nuca. Sin duda es mi complemento favorito en mi atuendo de peregrino, algo tan simple y que consigues sacarle el máximo partido. Una metáfora más del Camino de Santiago, aprovechar lo mínimo para convertirlo en lo máximo.

ASEO Y BOTIQUÍN:

✓ Neceser: Para guardar todo lo necesario para la higiene personal, la limpieza de nuestra ropa y el pequeño botiquín que podemos llevar es preciso llevar un neceser. El nuestro está dividido en dos compartimentos, ambos con cremallera, almacenando en uno todo lo relacionado con la higiene y el aseo, y en el otro llevamos el botiquín.

✓ Compartimento de aseo: Aquí guardaremos cosas como el gel y el champú (lo hay junto en un mismo bote para ahorrar espacio), desodorante, cepillo y pasta de dientes y paquete de pañuelos. Peine, horquillas y coletero (eso es de mi novia, yo vengo usando más bien poco esas cosas). En una bolsa de plástico también metemos una pastilla de jabón para la ropa. Unas pinzas de depilar pueden llegar a ser muy útiles, no sólo como higiene, sobre todo para sacarnos alguna espina que se nos clave de la diversidad de flora que hay a nuestro paso y que no siempre son amigables al tacto. La crema solar es muy recomendable para los días de sol y calor, aunque podría ir en el neceser, pero nosotros la llevamos en algún bolsillo externo de la mochila para tenerla a mano en caso de necesitarla a mitad de la etapa. Al igual pasa con la toalla ligera para la ducha, una de microfibra de secado rápido, está relacionada con la higiene, aunque debido al problema lógico de escasez espacial para encajarla en las reducidas dimensiones del neceser la

[105]

llevamos aparte dentro de la mochila, pero pegado a la ropa en el momento en que termino de organizarla.

✓

Compartimento del botiquín: El botiquín también es algo que crea controversia entre peregrinos. Muchos no llevan nada de primeros auxilios. Otros llevan un hospital de campaña. Hay que tener un término medio, algo sí viene bien tener a mano porque lo usas seguro. Un par de rodilleras son de gran utilidad para facilitar la compresión de las articulaciones medias de las piernas, más aún si la altimetría es muy desnivelada, y las suele llevar puestas, así que no va exactamente en el neceser. Recordamos echar en nuestro botiquín crema antiinflamatoria o pastillas como el ibuprofeno que siempre hacen falta a la hora de eliminar un dolor o para combatir las inflamaciones como las tendinitis. Un pequeño frasco de Betadine o yodo, tiritas, y esparadrapo antirozaduras que ayudan a evitar la aparición de rozaduras con sus consecuentes ampollas. Aguja e hilo. No, no nos vamos a poner a coser, pero en el caso de que al final sea inevitable que aparezca alguna ampolla podremos pincharla con esa aguja y dejar el hilo colgando, para conseguir drenar el líquido, luego sólo sería curarla con el Betadine y taparla con una gasa. Otras cosas que podemos llevar, aunque nosotros personalmente no lo vemos necesario, es tener un antimosquito para que no te piquen o los tapones para los oídos que evitan sentir en nuestros tímpanos esa melodía tan acompasada de los bufidos nasales de los exhaustos peregrinos. Por suerte no todos son así y por norma general se duerme perfectamente, por eso no llevamos tapones, aunque lo pongo porque hay personas que están acostumbradas a usarlos para conciliar el sueño.

DOCUMENTACIÓN:

✓

Credencial: Es el pasaporte del peregrino, una cartilla donde iremos poniendo los sellos durante cada etapa para demostrar que estamos haciendo el Camino de Santiago y así poder dormir en los albergues, recibir menús peregrinos a bajo coste en algunos restaurantes (aunque hay muy pocos con esta oferta, todo sea dicho) y por último poder recibir nuestra Compostela, documento oficial que confirma y acredita tu peregrinación ya sea a pie, en bicicleta o a caballo, cuando lleguemos a Santiago en la oficina del peregrino. Está escrito en latín con nuestro nombre incluido traducido a dicho idioma y siempre y cuando tengamos mínimo un sello por día o dos en los últimos cien kilómetros del recorrido. Para sellar podremos hacerlo en los mismos albergues, en la mayoría de bares o restaurantes, en iglesias o en ayuntamientos como norma general. También podremos encontrarnos casas particulares con sellos e incluso ofreciendo agua y otras ayudas al peregrino.

Para conseguir dicha Compostela al entregar tu credencial deberemos haber andado y sellado los últimos cien kilómetros antes de Santiago si vamos a pie o a caballo, o doscientos kilómetros si nos desplazamos en bicicleta.

La credencial se puede conseguir en muchos puntos importantes de comienzo de Camino como el inicio del Francés o ciudades grandes en sus catedrales o iglesias. También se podrá adquirir en asociaciones de amigos del Camino de Santiago como, por ejemplo, la de Madrid, al precio de dos euros. En ella te ponen tu nombre y apellido, la fecha y la ciudad de inicio y el Camino que vas a hacer. Tiene espacio para cuarenta sellos, así que si piensas hacer un Camino largo mejor será que lleves dos. Y en la que yo llevo siempre aparece en el anverso su portada y un mapa con el Códex Calixtinus o Códice Calixtino, un manuscrito del siglo XII que servía como guía para el peregrino medieval y que describe el actual Camino Francés en tan solo trece etapas.

✓ Otra documentación: la del resto de las personas, es decir, deberemos llevar el Documento Nacional de Identidad, tarjetas bancarias y dinero en efectivo, la tarjeta sanitaria para ser atendido en cualquier hospital o centro de salud, incluso la Tarjeta Sanitaria Europea en el caso de que comencemos nuestro viaje en otro país, como pueden ser Portugal, Francia, Italia, etc.

Para terminar con la documentación podremos llevar impreso en folios la hoja de rutas, en el supuesto de que hayamos planeado todo, etapa por etapa, para tenerlo a mano y poder consultarlo. Nosotros solemos llevar esas hojas de ruta, hechas con anterioridad cuando lo planificamos, adaptando a nuestro gusto las guías que podemos encontrar en Gronze.com o caminodesantiago.consumer.es, páginas webs que ya he citado antes y que son de gran ayuda para organizarlo, recibir información y despejar dudas.

COMIDA:

✓

No solemos llevar mucha comida encima, la vamos comprando para el día o para dos días seguidos si en la siguiente etapa no pasamos por ningún pueblo con servicios tales como tiendas de alimentación, supermercados o el retro casi olvidado ultramarinos, pero sí, me gusta desayunar antes de comenzar la etapa, ya que hay peregrinos que salen en ayunas y comen algo de camino. Nosotros preferimos desayunar al inicio y para ello llevamos leche en polvo, sobres de café o cacao, bollería, galletas o cereales. Asimismo, tenemos unas pastillas multivitaminas, algo de frutos secos para la segunda comida del día y algo más para la tercera parada de recarga de combustible. Ya la cuarta comida es grande, normalmente al terminar la jornada de marcha, y que solemos hacerla degustando algún plato típico de la zona en la que estemos. Una cena ligera conforma la quinta y última comida del día.

Hasta aquí describo lo que creo realmente necesario según mis prioridades materiales tras los setecientos cincuenta kilómetros de experiencias que tenemos en los diferentes Caminos realizados. Pero hay otras cosas que nombraré que, o he llevado alguna vez y he decidido que no eran necesarias, o que otras personas suelen llevar con asiduidad. He aquí objetos tales como las gafas de sol, un bañador por si quieres bañarte en la infinidad de playas de algún Camino costero, antimosquitos o un poco de amoniaco para aliviar las picaduras. Algo de lo que ya he hablado, que se usa mucho y que hay personas que lo ven necesario son los tapones para los oídos, aprovechados en las noches en la comunidad del albergue, para que el sonido acompasado y monótono de aquellas respiraciones profundas de algún peregrino agotado tras la dura jornada de marcha no nos impida dormir. A mí no me gusta porque me parece incómodo dormir con tapones y además nunca los he necesitado, y sí, roncar se oye roncar muchas veces, pero creo que es tal el cansancio acumulado en el día que vence claramente cualquier sonido no deseado que se pudiera escuchar en el entorno.

También se puede llevar libreta o bolígrafo para tomar notas y recordatorios, a modo de diario personal. Al igual hay personas que prefieren llevar cámara de fotos antes que usar la del teléfono móvil. El mechero a no ser que seas fumador no lo veo necesario, pero también lo he visto llevar, tener fuego rápido a nuestra disposición puede ser de utilidad, aunque tampoco es algo que entre en mi mochila.

Otro objeto que, aunque no es práctico se puede llevar, es la concha; esa vieira colgada de tu mochila, símbolo peregrino por antonomasia y que lo solían llevar los antiguos caminantes cuando regresaban de Santiago para demostrar su peregrinación, según cuenta la leyenda. También se dice que se utilizaba como recipiente para llenarlo del agua de los ríos y así poder saciar su sed. Son leyendas, historias que hacen más grande y misterioso el Camino de Santiago. Por eso prefiero no llevarla en el primer Camino, y lucirla a partir del segundo, como demostración de que ya hemos peregrinado como mínimo una vez, pero vuelvo a repetir, son leyendas y si no se quiere llevar no pasa absolutamente nada. Algo parecido, y que así te ahorras el peso extra de dicha concha, son los parches con la vieira o con diferentes ilustraciones del Camino de Santiago para decorar tu mochila cosiéndolas a ésta.

Esto eran algunos ejemplos más de cosas que se pueden llevar, pero como ya he dicho antes, lo más importante es llevar lo que realmente veamos necesario cada uno, con nuestras prioridades materiales, habrá personas que coincidan conmigo y otras que no tanto pero, sobre todo, lo que llevemos con nosotros ha de tener un sentido, no es necesario que sea algo lógico para todo el mundo, simplemente seremos nosotros quienes veamos ese sentido y si te equivocas, tú mismo serás quién te des cuenta y lo borrarás para la siguiente vez que decidas peregrinar. Por supuesto te equivocarás muchas veces a la hora de organizar tu mochila, pero no te preocupes, tómatelo como un aprendizaje, y gana esa experiencia necesaria para mejorar en cada ocasión.

La mochila es tu maestra porque te enseña mucho, y enseñar es lo que hacen los maestros. Puede sonar un poco raro que un objeto de tela fabricado para guardar cosas pueda enseñarte algo, pero sí, una mochila en cualquier otro momento no deja de ser ese objeto que almacena y transporta, pero en el Camino de Santiago se convierte en un maestro vital, enseñándote virtudes tan importantes como la sencillez o la humildad. Te enseña a valorar mucho las cosas, siendo consciente de que lo único material que necesitamos en esta vida para ser felices cabe en una mochila de entre 8-10 kilos de peso. Hay personas que pueden llenar casas enteras de objetos "necesarios" y que nunca llegarán a ser felices y, menos aún, valorar nada de lo que tienen. Cuando esos ocho kilos los tienes que cargar durante horas aprendes a valorar que lo que llevas es necesario y no te importa en absoluto cargar con ello. Aprendes a apreciar el espacio, encajándolo todo como si del mítico juego *Tetris* se tratase. Valoras que, si algo no es necesario, es mejor no llevarlo, te ahorras espacio para algo que sí necesitarás y evitas ese peso por insignificante que pueda resultar el objeto en cuestión, porque todo suma, y sumar algo innecesario no tiene sentido.

Gracias al aprendizaje que nos ofrece la mochila vamos a llevar una vida más sencilla después de haber finalizado el Camino y de haber asimilado esas enseñanzas. Una vida más sencilla significa trasladar lo que vives en tu peregrinación a la vida cotidiana. Aprendiendo que si algo no te va a resultar realmente necesario es mejor no tenerlo. Colocando toda decisión en una balanza imaginaria y analizando sus pros y sus contras, así evitaremos tener lujos innecesarios y seremos más felices con menos.

Sin caer en demagogias, "No es más feliz quien más tiene, sino quien menos necesita", una frase totalmente cierta y muy recomendable de aplicar a nuestras vidas pero que hace que la gente piense que de esa forma no eres ambicioso, que te convierte en un conformista. No debemos confundirlo, todos queremos mejorar en nuestras vidas, pero la diferencia está en valorar lo que tenemos, porque cuando no somos capaces de valorar y sólo queremos más y más pasamos a ser de ambiciosos a egoístas, y de ahí la infelicidad está a un paso. Siempre podemos tener más de lo que tenemos ahora, por lo tanto, alguien que necesita más para ser feliz, nunca lo será. Una vida más sencilla y humilde te aportará una satisfacción total, por poco que consigas, eso te hará muy feliz, y si lo logras a base de esfuerzo, además te aportará una grata satisfacción de orgullo. Porque lo que cuesta trabajo conseguir se disfruta mucho más que lo que nos viene dado gratuitamente.

SENSACIONES

Escucha. Sí, sí. Escucha. ¿Lo oyes? Presta atención y escucha... Nada. Silencio. Ese silencio que llena de un ruido armonioso nuestra alma, que ordena nuestros pensamientos, y que mantiene el equilibrio en nuestra paz mental. Qué maravilloso y necesario es el silencio. Se llama silencio cuando en realidad nos habla constantemente, nos hace centrarnos, pensar y valorar las cosas. El silencio es el mejor aliado para nuestra madurez como persona, para parar el tiempo y hacer que nuestra mente se detenga y se centre.

Mientras andas tantos kilómetros, vayas solo o acompañado, lo que más tenemos es el silencio, horas de silencio, momentos en los que nos oímos a nosotros mismos, o mejor dicho, nos escuchamos.

Sssh... Silencio. ¡Un momento! Agudiza el oído, el silencio viene acompañado de una hermosa melodía que se llama naturaleza. ¡Crash! Un trozo de madera, que antaño pertenecería al majestuoso árbol que ahora nos cobija bajo sus ramas y nos ofrece su sombra, ha cedido bajos nuestros pies. Más allá se logra escuchar el canto de unos pájaros sobrevolando el cielo en un gesto impecable de libertad. Un rítmico picoteo que amolda la madera de ese otro árbol, es un pájaro carpintero.

El viento silba al pasar rozándonos el oído, y un poco alejado se puede escuchar el sonido inconfundible del agua corriendo por su cauce hecho a base de insistencia con la ayuda del paso del tiempo, un arroyo nos acompaña refrescando el ambiente en días calurosos.

Escuchar no siempre es fácil, solemos oír muchas cosas, pero escuchar en nuestro día a día no está en los planes de casi nadie. El Camino te enseña a escuchar todos esos sonidos dentro del silencio necesario para entenderlos y conservar esa paz mental de tranquilidad y sosiego tan ansiada para el bienestar personal. En nuestro día a día nunca me pararía a escuchar lo que la naturaleza tiene que decirme, no sabría de

[113]

la existencia de esos pájaros porque estaría con prisas por llegar a no sé dónde. No haría ni caso a ese arroyo lleno de vida en sus aguas. Y el viento simplemente me molestaría si va demasiado rápido, como para pararme a disfrutarlo y escuchar su melodía pasando al lado de mis oídos... Viviría corriendo y, corriendo, me estaría perdiendo la vida.

Sensaciones. La vida se compone de sensaciones, ya sea la vida cotidiana como nuestra vida en el Camino. Y lo importante es ser conscientes de esas sensaciones. Sentir sentimos en todo momento, pero la clave está en "saber" qué estamos sintiendo, ya sea mediante el oído, la vista, el tacto, el olfato, o el gusto. Esos cinco sentidos que poseemos no dejan de transmitir sensaciones a nuestro cerebro, y mediante nuestra mente trabajada para saber disfrutar dichas sensaciones es cuando pasamos de "mirar" a "ver", cuando no sólo "oímos" sino también "escuchamos", cuando hacemos que el tacto nos emocione viendo lo bueno de cada momento, cuando comenzamos a apreciar los diversos olores que llegan hasta nuesta nariz y que nos dicen muchas cosas sobre el mundo que nos rodea.

Las sensaciones nos recuerdan que estamos vivos, y cuanto más conscientes somos de todas las sensaciones que recibimos más podremos disfrutar de la vida en su completa plenitud, disfrutar de esas pequeñas cosas que en definitiva son las que hacen la vida, lo verdaderamente importante.

Cuando haces el Camino de Santiago las sensaciones están a la orden del día, y, lo que es lo mejor, aprendes a disfrutarlas, a vivirlas con toda la magnitud de la palabra, a valorarlas como se merecen. Sientes incertidumbre por no saber lo que llegará después, sientes ilusión por vivir cada día como si fuera el último, la sensación de libertad es inmensa y por eso hablaré más delante de ella, el orgullo aflora en tí cada vez que logras superarte y alcanzar un objetivo, llegar, subir a esa cima, salvar un camino frondoso de vegetación, o esa bajada con cantos rodados que hace que visualices prematuramente una caída. La sensación de alegría constante es maravillosa, pero también la tristeza de cuando llegas y ya has terminado el viaje dejando atrás tantos momentos buenos. Sensaciones emocionales o psíquicas podríamos denominarlas.

Pero también tenemos sensaciones más físicas, como hablaba al principio sobre los cinco sentidos; sentimos calor cuando el día amanece sin nubes a la vista y el sol abrasa nuestro cuerpo durante las horas de caminata, sientes frío cuando comienzas la etapa sin haber amanecido y la temperatura aún es muy baja erizando la piel mientras sentimos el viento cortante acariciarnos suavemente, o cuando alcanzas un puerto de montaña con una diferencia de altimetría de ochocientos metros sobre el nivel del mar en apenas tres o cuatro horas, con un cambio de temperatura que varía 15°C entre la mínima y la máxima altitud. Por supuesto que sientes cansancio, el cuerpo se acostumbra con el paso de los días a la vida itinerante pero cada día puedes avanzar entre veinte y treinte kilómetros tranquilamente, y al final somos humanos, no máquinas. Por no hablar del dolor de alguna pequeña lesión que pueda aparecer; desde las famosas ampollas que pueden evitarse con un calzado apropiado para cada persona, unos calcetines muy ajustados para evitar roces e incluso unos esparadrapos antirozaduras para las zonas "calientes" tales como dedos meñiques o talón, hasta las tendinitis, pasando por simples sobrecargas musculares o las picaduras de diversos insectos: Chinches, garrapatas, o los mosquitos comúnes. Sí, dolor y cansancio son el pan nuestro de cada día, aquí no se engaña a nadie, peregrinar no son las vacaciones en un spa. Para mí sí son las vacaciones perfectas, pero no las convencionales que todo el mundo piensa. Descanso físico no tendrás tanto, pero alcanzas una plenitud tan perfecta de descanso mental que tu cuerpo también llega a estar descansado aun arrastrando kilómetros de movimiento. Un cuerpo sano no puede curar una menta enferma, pero una mente sana y trabajada sí puede llegar a curar un cuerpo enfermo.

El agua de la lluvia cayendo sobre tu piel es otra de las sensaciones que experimentamos, ya sea en los brazos, en la cabeza, o en los pies anegados de agua, con esas botas o deportivas rellenadas de papel de periódico para que absorban la humedad al finalizar la etapa.

Los pies. Esos aliados en nuestra libertad. Polvo que se levanta. Barro hasta el tobillo. Charcos inundados de agua que nos reciben ansiosos de manera inevitable. Camino que vamos dejando atrás a cada paso que avanzamos. Nuestras huellas se quedan grabadas en su superficie. Ese sonido de gravilla suelta bajo las plantas de los pies al traccionar. Dureza de asfalto al variar el terreno. Cada impacto que se resiente en las articulaciones sumando miles al final del día. Durezas que se forman en puntos clave con esa inteligencia corporal para adaptarse al daño físico. Una ampolla. Inflamación. Dolor. Quemazón. Sobrecargas. Humedad. Los pies tienen tantas sensaciones que juraría afirmar el hecho de que tengan vida propia.

Subir una cuesta de elevadísima inclinación y llegar a la cima, con esas vistas impresionantes hasta el horizonte, y ese aire que nos refresca el calor iniciado debido al esfuerzo físico del ascenso también es muy reconfortante. Sensaciones que no tienen precio, simplemente se viven.

Infinidad de olores llegan hasta nuestra nariz, inundando nuestro cerebro de información constantemente, con los sentidos en su máxima amplitud de receptividad. Sentir el olor de la diversidad floral que nos acompaña haciendo tan agradable el caminar, como sentir el olor a estiércol de un campo de pasto para el ganado bovino; una de cal y otra de arena, pero naturaleza en resumidas cuenta.

Caminar por un sendero estrecho y sentir la vegetación tocando en una sutil caricia nuestras piernas, a sabiendas que una garrapata acecha hasta elegir a su medio de transporte parasitándolo y así poder seguir viviendo, pero volvemos a lo mismo, naturaleza, no todo es bueno, pero todo forma parte de ella, y lo bueno se disfruta más si hay una antítesis que puede desestabilizar lo positivo. El Yin y el Yang, lo malo dentro de lo bueno, lo bueno dentro de lo malo. Armonioso equilibrio que depende del "cómo" se vea todo.

Sentir el agua a cada sorbo que damos a nuestra cantimplora y que alivia la sed producida por el continuo funcionamiento de nuestro cuerpo también es una sensación digna de mencionar. O probar ese menú del día cuando tenemos tanto hambre al finalizar la jornada, esa sensación del estómago lleno que reclama la sangre necesaria para realizar el proceso de digestión, robándosela a otras partes de nuestra anatomía, y que produce ese sueño tan característico de después de comer.

Sentir el cuerpo limpio y descansado cuando nos duchamos y nos ponemos la ropa sin restos de barro pegado, sin el polvo levantado por nuestros pies a cada paso que damos, sin el sudor que abandona nuestros poros cada vez que el esfuerzo aumenta las pulsaciones de nuestro motor vital y se queda en los tejidos de la ropa pegada a la piel. Sentirse limpio se valora más cuando estás tantas horas con la ropa manchándose a cada minuto que pasa. Descansar sienta mejor cuando llevas a tu cuerpo al límite de cansancio. Comer sienta mejor cuando tienes mucha hambre. Beber sienta mejor cuando tienes tanta sed y encima tienes que condurar la cantidad de agua que llevas, valorando cada trago que das.

Llegar a casa después de trabajar, ducharte con agua caliente y ponerte al lado del radiador cuando en la calle tenemos un termómetro dubitativo entre lo positivo y lo negativo está bien ¿Verdad?, pero te aseguro que sienta mucho mejor después de andar por la montaña durante seis horas, con una humedad altísima, la hierba mojada, pisando charchos, notando como se llenan de agua los calcetines, con una temperatura que tocaba los 6ºC en junio, subiendo más de cuatrocientos metros de desnivel en menos de una hora, bajando tu temperatura corporal sintiendo las manos heladas, con una niebla que no dejaba ver más allá de tus pisadas, con un dolor de rodillas debido al desnivel y los accidentes del terreno, con la incertidumbre de no saber cuándo llegarás, y por si fuera poco, perderte media hora en un bosque con un desnivel que desafiaba las leyes de la gravedad y hundiendo los pies bajo una alfombra de hojas y ramas caídas, bajo la atenta mirada de unas vacas con unas astas dignas de un casco vikingo de ficción televisiva. Sí, de verdad que cuando consigues esa ducha caliente y te pegas al radiador es mucho más reconfortante y satisfactorio que en un día de nuestra rutina cotidiana. Volvemos a lo mismo: VALORAR. Ahí se da el valor que merece y se disfruta como nunca.

Porque esas sensaciones tras las dificultades hacen que realmente valoremos lo que de verdad importa en la vida, lo simple, lo humilde, lo necesario para vivir. Dejando de lado inquietudes absurdas del día a día, restando importancia a lujos innecesarios que no nos aportan nada. El Camino te enseña mucho y las sensaciones hacen que seamos conscientes de esos aprendizajes.

Cuando terminé mi primer Camino pensaba que cuando estaba ahí caminando me metía en una "burbuja" saliendo del mundo real durante el tiempo que durara mi peregrinación. Con el paso del tiempo y de la asimilación del aprendizaje recibido me dí cuenta que estaba equivocado. Haciendo el Camino no te metes en una "burbuja", lo que haces es salir de la "burbuja" en la que estamos metidos el resto del año, una "burbuja irreal", de rutina impuesta por la sociedad, en la que todos vamos con la cabeza agachada mirando, pero sin ver nada, oyendo cosas, pero sin escuchar a nadie, una rutina de trabajo, una rutina vital de egoísmo, envidias, egocentrismo y daño gratuito pasando por encima de los demás.

El Camino pincha esa "burbuja" metafórica y nos libera de esa carga. Hace que vivamos en la "vida real", porque la vida perfecta para mí se parece mucho más a una peregrinación y todo lo que eso conlleva que a la vida cotidiana impuesta por esta sociedad consumista y tan infeliz. Una sociedad que siempre necesita tener más para ser feliz y que por lo tanto nunca llegará a serlo, porque no hay que confundir el ser ambicioso con valorar las cosas que tenemos, ahí reside la diferencia; cuando valoras lo que tienes, solo entonces puedes permitirte el deseo de mejorar, sin eso solo serás un infeliz que siempre puede tener más y que nunca se sacia.

Ya he hablado de esto cuando expliqué la mochila, pero también ha de estar presente aquí, porque es una sensación muy gratificante. El Camino te enseña a valorarlo todo, y ahí es cuando te das cuenta que nos pasamos la vida queriendo cada vez más cosas materiales, pero que en realidad necesitamos muy poco para ser felices. Todas las pequeñas sensaciones y la conciencia de ellas ayudan a darnos cuenta de lo verdaderamente importante. Y lo importante es muy humilde, no busques tanto, la felicidad es más simple de lo que crees. Lo difícil es verlo en la vida cotidiana, lo fácil es verlo en el Camino, pues te lo simplifica todo, es muy sencillo ser feliz. Por eso me gusta tanto el Camino de Santiago, para hacer senderismo te vale cualquier lugar, para aprender a ser un peregrino sólo te vale el Camino, y una vez aprendido podrás hacer de cualquier lugar un "Camino de Santiago" más, tuyo, porque la peregrinación es una forma de vida maravillosa.

MOMENTOS

La vida está llena de momentos, de hecho, son esos momentos los que hacen la vida. Hay momentos buenos, otros no lo son tanto, e incluso hay algunos que nos gustaría eliminar sin dejar rastro, pero nos guste o no, nuestra vida se compone de ellos y debemos aprender a disfrutarlos, valorarlos y, en el peor de los casos, recibir sus enseñanzas para en un futuro no repetir esos de los que no estamos orgullosos o achacamos a la "mala suerte".

Al igual que en la vida, el Camino de Santiago también se compone de momentos, pero la diferencia es que tenemos la facilidad de disfrutarlos con plenitud de consciencia. El tiempo se detiene y te allana el camino de tu felicidad, de tu "yo", de tu mente puesta en el presente con total atención, viviendo ese momento, disfrutando lo único que tenemos: el aquí y el ahora.

Si las sensaciones son algo más subjetivo de cada uno, algo psicológico, más mental, de los momentos podemos decir que son más tangibles, algo físico, que sucede y podemos ver, tocar, vivirlo, algo más concreto pero que también se solapa con esas sensaciones, ya que el momento de llegar a Santiago después de tanta distancia recorrida, y que físicamente es igual para todo el mundo, al final es diferente para cada individuo. Porque si nos pudiéramos meter en los pensamientos de cada persona que entra en la plaza del Obradoiro cada uno sentiría algo distinto, unas emociones encontradas que harían que esa realidad, ese momento, cambiara según la perspectiva de cada peregrino, de cada alma, de cada mente. Momentos concretos que suceden y que vives al máximo. Momentos que recopilaré, desde los más insignificantes hasta los más importantes, dándonos cuenta de que todos son igual de necesarios si los disfrutamos y nos hacen felices en el momento vivido.

El primer momento en el Camino comienza desde que nos bajamos de ese autobús en la estación de Avilés, con nuestra mochila a cuestas nos dirigimos al albergue para poner el primer sello en nuestra credencial, dormir esa noche, y comenzar al día siguiente la primera etapa. Recién llegados al albergue yo lo veía como el típico lugar donde duermen indigentes y mendigos, comedores sociales donde van aquellas personas que la vida les ha dado un revés tras otro, nada que ver con la realidad por supuesto. Sí, quiero ser sincero, yo llegaba siendo un inculto sobre el Camino y su forma de vida, todavía estaba metido en esa "burbuja" de esta sociedad con prejuicios, egocéntrica, egoísta e insana que rechaza según una primera impresión, y que después aprendes que juzgar por eso es otra equivocación añadida a todas las impuestas en la vida fuera de la peregrinación.

Algo que nos pasó y que refleja a la perfección lo dicho anteriormente, fue cuando una vez inscritos en el albergue y habiendo puesto el sello que iniciaba nuestro pasaporte peregrino, queríamos ir a comprar algo, para cenar y desayunar al día siguiente, a un supermercado. Cualquier peregrino normal con una mínima experiencia dejaría su mochila al lado de la cama que le haya tocado, extendería su saco de dormir sobre ella para dar cuenta de que está ocupada y se iría sin más a comprar. En nosotros apareció la desconfianza, absurda por otra parte en el Camino, pero demasiado lógica en la vida cotidiana. En efecto, nos llevamos la mochila hasta el supermercado. Unos peregrinos que estaban en el patio del albergue comiendo algo nos dijeron que las dejáramos ahí, que no pasaba nada. No les hicimos caso, les dejamos caer alguna excusa poco creíble y sin duda les ofrecimos una visión sobre nosotros que no se corresponde con la realidad, pero la novatada se paga. Menos mal que el Camino te acaba enseñando sus valores.

Momentos como el ir subiendo una cuesta con una inclinación desafiante para la gravedad, y yo, a mis veintitrés años por aquel entonces, que la subía con apenas fuerzas de tirar de mi cuerpo y la mochila, y acelerándome el pulso cardiaco por segundos, tenía que observar a una anciana, con sus botas de campo y su bata típica de

[122]

señora mayor, que iba caminando por esas pendientes como quien pasea por el salón de su casa. Qué inteligente es el cuerpo humano y qué capacidad infinita de adaptación al medio. Ese momento hace que tus pies bajen al suelo, que dejes de lado los prejuicios, y, sobre todo, recibir una cura de humildad muy grande.

Hay momentos muy simples, no tan concretos. Cada vez que te paras a beber agua o comer unos pocos frutos secos, cuando te detienes a hacer una fotografía a cualquier paisaje, a algún animal o el típico *selfie* sin ningún ánimo de aparentar, sin postureo como lo llaman ahora, natural como la vida misma. Me encantan esas fotos en primer plano en las que me acerco al objetivo con mi móvil, enfoco, y disparo encerrando ese escenario para la posteridad, como si le diéramos al "pause" de un mando a distancia que detiene el tiempo. Captar en una imagen un momento vivido para convertirlo en inmortal. Momentos que pueden durar segundos, minutos o tal vez una cantidad indeterminada de tiempo, porque cuando lo estás disfrutando, cuando lo vives de verdad, el tiempo no tiene cabida en esa ecuación, sólo estás tú y lo que te rodea, haces desaparecer el reloj y su manía de controlar lo incontrolable.

Momentos como el pararte ante una playa y mirar al infinito hacia el horizonte, donde la línea que separa los dos tonos de azules entre el mar y el cielo nos recuerda lo pequeños que somos ante la inmensidad del mundo, del sistema solar en el que giramos sin control, de la galaxia ¿infinita? y de no sabemos qué más. Yo creo que somos más pequeños de lo que creemos, por eso en ese preciso instante tu humildad hace acto de presencia y te avisa de que somos mortales viviendo una vida que tenemos que disfrutar, que de lo malo se aprende, y que siendo mejores personas cada día viviremos una plenitud vital sin parangón.

Momentos como estar toda la tarde pensando en poner la tienda de campaña en un patio de un bar después de que la dueña nos diera permiso y, a última hora, llegar lo que parecía una mujer y decir que ahí no podíamos quedarnos. Vernos a las nueve de la noche sin sitio para dormir y sin saber qué hacer. Adaptarse o morir dicen. Reaccionar y ver soluciones donde lo habitual sería ver problemas. Hablar con los dueños de una casa y poner la tienda en el jardín de su parcela. Problema resuelto.

Caminar entre bosques y acantilados, sin ver apenas nada y que de repente se abra la vegetación descubriendo una pequeña playa en una cala escoltada por dos montañas, una playa llena de guijarros con las olas rompiendo en sus rocas más grandes. Una estampa digna de admirar, un lugar con un encanto especial que no conoceríamos nunca de no ser por el Camino. Un sitio tan oculto y pequeño no aparece ni en los mapas. Descubrirlo por sorpresa, sin esperarlo, es un momento para recordar.

Adentrarse en un bosque con una tupida niebla pisando una alfombra natural de hojas secas con tonos anaranjados. Apreciar la silueta de una antiquísima iglesia abandonada en medio de tanta vegetación rodeada de helechos y musgo. Imagen salida de una película. Una tonalidad misteriosa que te envuelve, ayudada por la alta humedad y el silencio total en el ambiente. Un mojón de piedra cubierto de verde, con su azulejo de la concha señalando la dirección del camino desgastado por el paso del tiempo, suma un mayor grado enigmático a la escena boscosa.

Proseguíamos nuestra rutina caminante por un sendero de cuyas características apenas me acordaría por su simpleza y monotonía, de no ser por un pedacito del mismo que nos llamó la atención; una especie de santuario dedicado a un peregrino en el mismo lugar donde sus días llegaron a su fin, haciendo seguramente lo que le gustaba. Allí postrados frente a esa placa cubierta de flores y símbolos peregrinos que le recordaba y honraba su memoria, que nos mostraba a nosotros su nombre, y de paso nos recordaba lo pequeños que somos. El presente volvía en ese preciso instante. Te hace pensar. Te hace valorar lo que tienes. Ese hombre falleció en ese lugar sobre un sendero cualquiera, pero puedo asegurar que, si le gustaba el Camino la mitad de lo que me gusta a mí, ese hombre murió feliz. Guiaba sus pasos por una vida que solo tiene ese objetivo, terminarla ahí solo tiene un resultado posible; acabó sus días haciendo algo que le hacía feliz. Dejaba de ser un sendero cualquiera; pasaba a ser un trocito muy especial del Camino que nos enseñaba que la vida sigue, un punto donde una vida terminaba nos hacía despertar, nos obligaba a disfrutar lo vivido por los que ya no pueden hacerlo.

Estar sentado en el patio de un albergue llevado por ingleses tomando un té, haciendo honor a su bebida favorita, contemplando una escultura de piedra en la cual estaba tallada una gran cruz de la orden de Santiago, mientras sientes el aire pasar a tu vera, a la par que el sol calienta tu piel y dejas la mente en blanco. Tranquilidad. Paz. Momentos que te funden con la naturaleza, te dejas llevar a un limbo armonioso y equilibrado de sosiego y bienestar inigualable. Quizás no sea el mejor lugar del mundo, pero el Camino hace que, durante ese preciso momento, en ese lugar, y para ti, sí lo sea, no necesitas nada mientras lo vives, ya dure un segundo, ya dure horas, escueto o eterno, carece de importancia el control horario.

Otro momento destacable fue la noche que pasamos hambre en el albergue de Vilalba por no caminar cuatro kilómetros más hasta el pueblo. Ese sobre de sopa para los dos que pasará a la historia de nuestra historia como la cena más lamentable que hemos tenido, llegué a lamer el sobre por dentro para rebañar las últimas escasas calorías que pudieran saciar algo a mi exigente estómago, pero eso sí, nuestro orgullo superó ese hambre que teníamos cuando un grupo de peregrinos nos ofreció una ensalada que les había sobrado de su cena, algo de agradecer sin lugar a dudas, pero si el contenido era poco vistoso con las hojas ya mustias debido al aliño correspondiente, el continente de la misma era aún peor; una bolsa de plástico de algún supermercado hacía las veces de recipiente. Podía tener hambre, pero conservaría la dignidad, ante todo.

[125]

Llegar a un pueblo llamado Ove y que alguien le pintara en el cartel que da la bienvenida a la localidad una "L" delante, convirtiéndolo desde ese momento en lo más romántico del lugar. Cruzarse con un peregrino en jornada de lluvias que llevaba un poncho amarillo cubriéndole a él y a su mochila, mirarle desde atrás y transformarse automáticamente en un *Minion* gigante recién salido de una pantalla de cine. Dejar funcionar nuestra mente hasta inventarnos una película de dibujos animados al más puro estilo Pixar sobre dos chinches haciendo el Camino; una chinche alta llegada de tierras germanas, demasiado seria y que tiene que soportar a una chinche manchega, bajita y rechoncha, con la voz de José Mota incluida en el doblaje, por supuesto. Seguramente fue debido a la cantidad de dichos insectos que vimos en el albergue de San Xusto y a todo el tiempo del mundo para pensar. La imaginación humana es inmensa y no se pierde cuando crecemos, no es exclusiva de los niños, simplemente la dejamos aparcada por falta de tiempo y habría que retomarla a menudo. Momentos de tonterías, pero benditas tonterías que faltan tanto en nuestra rutina de prisas constantes.

El Camino te hace parar, pero no es habitual que te haga parar de manera física obligatoriamente. Una carretera local, a su paso por un pequeño pueblo cualquiera, vio interrumpida su monótona tranquilidad al coincidir en el espacio-tiempo dos vehículos; un turismo particular que se estrelló contra la furgoneta del panadero que hacía su recorrido habitual ofreciendo esa base alimenticia a los escasos habitantes de las aldeas del lugar y que cortaron nuestro camino al quedarse atravesados en una curva entre dos muros de casas anexas a la minúscula vía asfaltada. Afortunadamente sólo hubo daños materiales, pero nos obligaron a estar un rato parados analizando la forma de cruzar a través de esa barricada. Finalmente acabamos pasando entre uno de los muros y el coche. Aunque no resultó tarea sencilla; primero pasó uno y el otro le iba tirando las mochilas al otro lado. Personalmente he de reconocer que me costó pasar por el angosto espacio que había quedado libre, pero era eso o esperar a que llegara la grúa para que los retirara y, viendo lo perdido que estaba de la civilización, podríamos haber experimentado lo que es peregrinar de noche para cuando hubiera terminado de despejar el camino.

Sucesos como este demuestran una vez más que el Camino es una metáfora de la vida cotidiana; cuando parece que lo tienes todo bien atado, organizado, y que nada se te escapa, llega un imprevisto al que tienes que enfrentarte y encontrar una solución para dejar de llamarlo problema, adaptarte a lo nuevo y continuar. La vida está en constante movimiento, nada es eterno, y nada se controla totalmente. Saber eso para asimilar lo inesperado, adaptarte y superarlo es una actitud fundamental en todos los ámbitos, y el Camino nos ayuda a comprenderlo de una manera simple con ejemplos prácticos.

Ese momento de libertad fantástico cuando llegas a un lugar para terminar la jornada y descubres que no hay albergue, ni hostal, ni camping, pero tienes tu tienda de campaña y te quedas en un parque, sobre ese césped en tonos verdosos que te acoge para darte un colchón natural de bienestar. Conexión total con la naturaleza que te hace fusionarte a ella formando un solo ser. Sensación recíproca de no pertenecer a ninguna parte y de pertenecer al mundo entero, de pertenecer cada día al lugar donde te encuentras, sin arrastrar lo de ayer y sin esperar al mañana.

En una ocasión detuvimos nuestros pasos en una pequeña aldea para descansar algo, hidratarnos y comer lo justo para continuar. Allí sentados en el suelo, mirando nuestros pies recién descalzados y con los calcetines llenos del polvo que levantábamos al caminar, vino a visitarnos una perrita blanca, muy simpática y confiada, que vivía junto a un hombre en una de las escasas viviendas que formaban la rústica población. Se tumbó a nuestro lado y allí permaneció hasta que volvió su dueño y corrió en su encuentro. ¡Cuánta tranquilidad transmiten los animales! Deberíamos aprender más de ellos, sin duda alguna.

También con animales, pero menos agradable, fue lo que sucedió al levantarnos de ese mismo lugar e ir a una fuente para lavarnos un poco los pies y quitar parte del polvo y el barro que llevábamos pegado como una segunda piel. Haciendo honor a la torpeza que me caracteriza, en un momento dado de los que estaba haciendo equilibrio a la pata coja mientras me secaba un pie, perdí el control y me tuve que apoyar fuerte sobre dicha fuente para no caer de bruces al suelo. Algo sonó cuando puse mi mano sobre la parte trasera de ésta, un crujido extraño y, a continuación, noté la mano mojada. Un pobre caracol no soportó el manotazo que di para no caerme. Se quedó totalmente aplastado sobre la palma de mi mano. La piedra que no dejaba de manar agua estaba llena de estos moluscos gasterópodos que permanecían allí tranquilos alimentándose del moho hasta que un manotazo de un torpe peregrino les arrebató la paz que tenían en ese solitario lugar. No fue un acto doloso, pero aun así me sentí mal, no me gusta hacerles daño a los animales, aunque en el Camino a veces es complicado no pisar a alguno cuando apenas se les ve sobre el terreno. Accidentes inevitables que forman parte de la vida.

Llegamos a una aldea, antesala de la ya citada San Xusto, donde se presupone que hay un albergue para peregrinos. El edificio está, pero está en ruinas. Ese fue el motivo por el que tuvimos que continuar hasta el albergue lleno de chinches del que ya he hablado largo y tendido. Pero el momento vivido allí no fue que su albergue estuviera en ruinas ni mucho menos. A su lado, sentados en un banco de piedra, había un grupo de niños que residían ahí. Es llamativo ver varios niños en aldeas tan perdidas y despobladas, aunque es reconfortante saber que pueden tener futuro y que no caerán, todas esas pequeñas poblaciones, en una despoblación masiva, como viene siendo habitual en las zonas rurales de España.

No menos llamativo fue ver a esos niños con una inocencia impropia en sus semejantes de la misma edad que viven en ciudades. Esos eran niños, con la mentalidad acorde a su edad, sin esa picardía prematura

[128]

que adquieren en las ciudades, rodeados de maldad y de esas nuevas tecnologías, que si no se cuida su uso pueden ser tan perjudiciales como beneficiosas. Pues en efecto, allí estaban esos niños apedreando ratas, palabras textuales de ellos mismos cuando les saludamos y preguntamos por el albergue. Estaban hablando de cosas de niños, jugando con lo primero que veían haciendo gala de una imaginación espectacular y una inocencia maravillosa. Acostumbrado a la vida en grandes ciudades como Madrid, me resultó algo digno de mencionar y recordar, de saber que aún hay infancia tan pura hasta una edad razonable, niños sin esa maldad que solo se presupone en adultos y sin esa picardía que nubla la inocencia infantil. En definitiva, niños.

Momentos de ir hablando tonterías o cantando y que justo se cruce alguien o nos adelanten sin esperártelo tras horas de soledad, presencia inoportuna que inicia una situación incómoda pero divertida, o ir caminando por el arcén de una carretera local y que una niña se asome por la ventana de su casa mientras nos ofrece comida al grito de: "¡¿Queréis tortilla?!" iniciando una sonrisa inmediata en nuestros labios, o que una señora mayor se pare a hablar con nosotros y nos regale unos caramelos mientras le contamos de dónde venimos y cuántos días llevamos caminando. Regalos en forma de momentos, porque cada momento es un regalo.

Mirar fijamente una rosa enorme con demasiada vida en sus coloridos pétalos, mirarla con los ojos y con la lente de tu cámara de fotos. Cruzar un río por un puente romano que ha sido testigo de millones de pisadas con varios siglos de diferencia. Escuchar la naturaleza. Un alto en el camino para degustar una sidra en Asturias. Presenciar un amanecer iluminando la tierra y el mar dibujando un paisaje digno del mejor pintor. Acariciar a un gato que viene a saludarnos y regalarle unos minutos de nuestra vida para sus mimos matutinos. Ver la catedral de Santiago cubierta de andamios y que te siga pareciendo la más bonita del mundo. La felicidad se encuentra en las pequeñas cosas, no pierdas el tiempo buscándola en cosas materiales superfluas y sobrevaloradas, disfruta esos momentos.

Esos momentos mayoritarios de sentirte ayudado por desconocidos sin ningún tipo de interés que se convierten en pilares fundamentales de tu Camino en esos escasos y breves minutos que compartís, o esos otros minoritarios donde alguien decide que no eres peregrino, sino un mendigo que no les puede traer nada bueno, suele pasar algo más en ciudades o pueblos de mayor tamaño, prejuzgándote de una forma sutil pero apreciable leyendo entre líneas y que te hacen sentir como un apestado, aunque vuelvo a repetir que son los menos, e incluso no te afecta en vivir el Camino intensamente, a esas personas has de tomarlas como una prueba más de tu tolerancia y autocontrol mental, para trabajar tu paciencia y evitar que juzgues a nadie, aun siendo juzgado por ellos, y haciendo uso de la empatía necesaria comprenderás ese comportamiento de ciertas personas hacia lo desconocido.

Alcanzar nuestros pasos un peregrino de California con rasgos asiáticos que no podía parar de hacer fotos a todo lo que veía, incluido nosotros. Salimos en más fotos en su móvil que en los dos nuestros juntos. No le volvimos a ver, pensando que nos encontraríamos en el próximo albergue donde intercambiaríamos los correos electrónicos o los números de teléfono para pasarnos dichas imágenes, pero no sabemos hasta dónde llegó o dónde dormiría esa noche, igual que llegó se marchó, momentos pequeños con recuerdos gigantes.

Caminar con un inspirador amanecer a nuestras espaldas dibujando una imagen única sobre un campo de trigo, creando un abanico de colores con infinidad de tonalidades e imposibilitando a una cámara de fotos atrapar con exactitud tal belleza, o lo vives en ese momento disfrutándolo u olvídate de encerrarlo en una fotografía, ya no será igual. Y poco después poder observar a ambos lados del camino, junto a cuatro naves medio abandonadas, multitud de figuras enormes; desde peregrinos medievales tallados en piedra, hasta dinosaurios a tamaño real como decorado de alguna película, pasando por cabezas de animales también esculpidos en la noble piedra. Galicia y el Camino nos volvían a sorprender, cada segundo es una incógnita, y esa incertidumbre mantiene viva la llama de la ilusión por lo que llegará.

Barro en nuestros pies. Sobre nuestras cabezas un cielo plomizo, nublado, amenaza lluvia. Un caballo nos observa. Hemos interrumpido su desayuno de pasto con nuestra presencia. Dejamos atrás una pequeña población para adentrarnos en montaña pura campo a través. Se oye el silencio. A medida que ascendemos se amplía nuestro horizonte viendo únicamente naturaleza en trescientos sesenta grados. Se respira paz. Aire limpio que llena de vida cada rincón de los pulmones ya cansados de contaminación constante en la gran ciudad. Soledad. Seguir avanzando, seguir ascendiendo. Las piernas son testigos fiables de tal ascenso. Infinita paz camino del Puerto de Pajares. El mundo se detiene, nuestra mente se inunda de felicidad, somos libres. Verdes y marrones tiñen el suelo, azules y grises el cielo. Amarillos, rojos, naranjas, negros o blancos se atisban si hacemos un zoom detallando el paisaje, multitud de colorido dando vida a un entorno aparentemente mudo. Salvaje naturaleza que nos enseña los valores necesarios para bajar los pies al suelo, para no creernos más de lo que somos. Respetar la humildad necesaria para dar gracias por vivir ese momento y poder disfrutar de algo tan extraordinario.

Observar a lo lejos un rebaño de ovejas adormiladas bajo la sombra de grandes árboles, fijar la atención en ese insecto de colores llamativos que está posado sobre una planta no menos sugerente y no poder evitar el inmortalizar la pose con una fotografía en primer plano. Pararte un rato a buscar el pájaro carpintero que se oye en el ambiente y verlo en un pequeño agujero hecho por él mismo en el árbol que tenemos justo encima, ver unas vacas pastando en un prado mientras espantan moscas con el rabo levantando la cabeza de vez en cuando al paso del peregrino de turno, o admirar un grupo de caballos salvajes entre las montañas asturianas. Precisamente uno de estos caballos, tras unos instantes detenidos en el tiempo mientras les mirábamos, tuvo un recuerdo para nosotros emitiendo un sonido inconfundible a la vez que expulsaba el exceso de gas intestinal, peculiar forma de despedirnos cuando reiniciamos la marcha.

Ya comentado con anterioridad, pero ahora ahondaré en la anécdota, fue la única vez destacable en la que nos hemos perdido haciendo el Camino de Santiago, sin dar importancia a pequeños despistes que te hacen retroceder algunos metros tus pasos para volver al anterior vestigio de señalización. Aquella vez, en aquella etapa que dista mucho de una etapa normal en cualquier Camino, subiendo al Puerto de Pajares y después bajando hasta el pueblo de mismo nombre. Camino de El Salvador. Etapa por pura montaña, sin apenas ver senderos ni rastro de un camino delimitado, con la señalización pintada sobre el entorno; árboles, rocas o con pequeñas flechas sobre finos soportes de hierro donde las vacas aprovechan para rascarse el lomo girando o tirando al suelo la señal sin intencionalidad ninguna, pero despistando al pobre peregrino. Precisamente un picor inoportuno de alguna res hizo que una de esas varas metálicas con una flecha en su parte superior estuviera en el suelo tapada por la alta hierba y no pudiéramos ver hacia dónde teníamos que dirigir nuestro rumbo. En lugar de bajar por un dudoso sendero embarrado que era el "camino oficial" fuimos rectos adentrándonos en un bosque que iba cuesta abajo, haciendo caso a la última señal que vimos sobre la corteza húmeda de algún árbol, y acabamos dando pasos en falso constantemente durante unos eternos veinte o treinta minutos que parecieron horas. Caminar sin saber hacia dónde, pisando un terreno inestable lleno de hojarasca y multitud de ramas caídas que hundían nuestros pies, llegando hasta las rodillas en varias ocasiones, y dando vueltas a un lado y otro por la imposibilidad de seguir bajando cuando la inclinación se hacía insostenible para una persona con el riesgo de tener un indeseado accidente. Finalmente pudimos volver al lugar en el que pastaban nuestras amigas las vacas con unas astas enormes y unos picores inoportunos que nos habían confundido sin ser conscientes de ello, haciéndonos pasar un rato duro de tragar. Allí ya pudimos ver mejor el terreno y comprobamos que la señal lucía en el suelo indicando ese camino embarrado que he dicho antes y que, distaba mucho de ser un camino fácil, pero siendo practicable para las condiciones de un peregrino. Nuestra aventura de perderse en un bosque llegaba a su fin y, como suele suceder habitualmente al contarlo a toro pasado (Quizás es un poco inoportuno el ejemplo taurino…) resulta muy gracioso, pero en el momento que lo vives, gracia, lo que se dice gracia, es lo menos que te da. Como dice la peregrina que me acompaña, "menudas ganas de reír…"

Momentos de sol que te arde la piel. Momentos de lluvias torrenciales y vientos desatados que te hacen difícil caminar y te calan hasta los huesos. Momentos de frío que te hiela la sangre y hace que camines a velocidad inimaginable. Momentos de calor extremo que te hace abrir todos los poros de la piel en un intento en vano de refrigerar la temperatura corporal empapando la ropa en sudor. Momentos de cansancio solo entendible para quién lo ha vivido, autocontrol de tu mente cuando todo te dice que pares y sigues un paso más. Momentos de dolor que aguantas durante horas. Momentos de bienestar cuando respiras profundo el aire puro de la montaña o cuando paras diez minutos a descansar y reponer energías. Momentos de emoción cuando consigues superar esa subida y alivio por ver que el camino comienza a llanear o descender. Momentos de satisfacción, de alegría, de felicidad, de melancolía, de serenidad, de perseverancia, de ilusión, de sufrimiento, de meditación, de soledad, de compañía… Momentos de estar perdido en un bosque, momentos de encontrarse físicamente en un claro y encontrarte a ti mismo a cada segundo, momentos bohemios paseando al amanecer por el casco antiguo de alguna ciudad que aún dormía plácidamente. Momentos infinitos que forman una experiencia inolvidable.

IGUALDAD

Caminábamos atravesando la cordillera cantábrica por el Puerto de Pajares acompañando nuestros pasos anegados en barro al lado de los de un hombre de setenta y ocho años, que venía desde las lejanas tierras de Israel, y no sabíamos nada de aquel peregrino; su posición social, su capacidad monetaria, sus ideales, ni siquiera sus motivaciones para peregrinar. El Inglés era la única lengua que nos unía para enlazar una comunicación, y no es que yo sea bilingüe precisamente. Todo indica una desigualdad máxima entre esa persona y nosotros, dentro de la famosa "burbuja" metafórica que he descrito sobre la vida cotidiana sería alguien más, sin ningún tipo de interés en él.

Pero el Camino es diferente. Es cierto, no sabíamos nada sobre aquel peregrino, pero tampoco lo necesitábamos. Lo único que nos interesaba saber era precisamente lo que ya sabíamos. Ese hombre era un peregrino como nosotros. Puede que en su "burbuja" fuera el hombre más rico del mundo, un pobre desgraciado que no tenía un solo céntimo para poder vivir, una mala persona o un ser maravilloso. Da exactamente igual. El Camino nos iguala a todos como personas, nos convierte en peregrinos que reciben las doctrinas necesarias para apreciar la vida y llevarla hacia la plenitud total de humildad, sencillez y solidaridad. Con un principal objetivo en la vida: ser feliz.

La magnitud del Camino para igualar personas es tal que consigue que no juzgues a nadie, no te da la posibilidad, el que ves a tu lado caminando lleva la misma mochila que tú, cargando el mismo peso de sus limitadas pertenencias materiales, arrastrando las mismas penurias de dolor, sufrimiento y esfuerzo, con el mismo tiempo para pensar y meditar sobre la vida, con las mismas prioridades básicas que tú; caminar para llegar a un lugar donde refugiarse, comer, asearse el cuerpo, limpiar la ropa y dormir. Necesidades básicas que no valoramos normalmente debido a su "obviedad" pero que no aprecias hasta que ves su fragilidad y la posibilidad de perderlo, o, por lo menos, la opción real de no lograr hacerte con ello. Ahí se valora una cama, una ducha con agua caliente, tener comida y lugares para comprarla, ropa limpia, incluso estar con una buena salud general para poder seguir avanzando paso a paso, disfrutando el Camino, léase vivir el momento, y disfrutar con lo que realmente importa olvidando lujos superfluos. De verdad, olvídate de todo lo que nos rodea, disfruta lo sencillo, las pequeñas cosas que nos hacen felices y no necesites más para hallar esa felicidad.

Un aspecto que me encanta en esa capacidad de igualdad que tiene la peregrinación es que une a las personas a ser más solidarias, sin ánimo de lucro, sin recibir nada a cambio, de manera altruista. Hemos coincidido con personas de España, Portugal, Italia, Estados Unidos, Israel, China, Australia, Alemania o Sudáfrica, es decir, de todas las partes del mundo, personas muy diferentes en sus ideales, pensamientos, cultura, profesiones, expectativas de vida, etc. Pero el compartir la experiencia peregrina hace que se igualen distancias, no sólo físicas, sobre todo las distancias psíquicas y emocionales de personas tan dispares.

Esa sensación de igualdad es otra añadida de la maravillosa metamorfosis creada bajo el manto envolvente de la vida itinerante, sobre los cimientos de una peregrinación milenaria que ha unido a pueblos y culturas, ayudando a crear un mundo mejor, menos egoísta, y que no etiqueta personas, simplemente las iguala como tal, caminando todos juntos hacia una mentalidad abierta, sin prejuicios y capaz de abrirnos hacia la empatía necesaria para con los demás. Dar. Recibir. Ayudar. Ser ayudado. Hoy por ti, mañana por mí. La maldad no tiene cabida cuando todos somos iguales. Porque hoy me necesitan, mañana yo necesitaré a alguien, no necesariamente a esa misma persona, pero hacer cosas buenas, trae cosas buenas. Lo llaman karma. Podría llamarse ciclo vital de una cadena de favores que instaura las bases de una sociedad más sana. Hace falta más peregrinaje en el mundo, sin duda alguna.

De verdad que esta sensación es increíble, ver a un peregrino y sentir que algo os une, puede que ni le conozcas, pero ese sentimiento mutuo que te liga a esa persona es más fuerte que todas las diferencias que puedas tener, simplemente ni las conoces ni te interesa saberlas. Compartir estilo de vida y penurias, emociones y sacrificios, hacen que te iguales a ese desconocido independientemente de lo que sea cada uno, ahí solo importa que sois peregrinos, y los peregrinos se ayudan, no se juzgan. Las etiquetas se eliminan, que también suman peso.

Desde tiempos inmemoriales tenemos una obsesión malsana en clasificarnos; por clases sociales, por el nivel económico, por diferentes culturas, etc. Al final todo nos lleva a una competición para ver quién es mejor, nos arrastra a un sinfín de conflictos absurdos. Desde los lavabos divididos entre los que podían usar los blancos y los que podían usar los negros a raíz de las leyes de Jim Crow, que propugnaban la segregación racial en los Estados Unidos del siglo XIX y hasta mediados del siglo XX, pasando por el exterminio nazi aterrorizando Europa, sobre todo contra el pueblo judío, cometiendo un genocidio y tratando a personas de una forma cruel y despiadada sin motivo alguno, hasta la división por clases sociales en barcos como el Titanic donde los que habían pagado más tenían derecho a salvar su vida, mientras que los pobres merecían morir por tener menos monedas en los bolsillos, por ejemplo, o que sea el dinero lo que decida si alguien puede estudiar o no, algo a lo que nos están llevando de nuevo en España gracias a gobiernos corruptos que no les interesa que haya personas cultas porque se les acabarían los privilegios que tanto "trabajo" les ha costado conseguir.

Todas esas clasificaciones nos llevan a una competencia insana, a querer pasar por encima de los demás, nos empujan directamente a las envidias, y, en definitiva, al odio. No hay nada peor que el odio. En primer lugar, es lo peor para nosotros mismos, para nuestra paz

[137]

mental, y, en segundo lugar, es el responsable de todos los conflictos que ha habido en la historia de la humanidad. Es la antítesis del amor, que es el sentimiento más puro de felicidad que podemos expresar y que nos ofrece tranquilidad y paz. El amor en todas sus formas es lo que debería regir el mundo. El odio no nos aporta nada positivo, pero el ser humano es tan insensato que miles de años de errores no le son suficientes para darse cuenta de ello.

En el Camino somos todos peregrinos. Punto. Igualdad en el sentido máximo de la palabra. Así de fácil se han eliminado las clasificaciones y hemos borrado las envidias materiales. Todos nos hemos igualado hasta eliminar ese odio. El Camino te ofrece un mundo mejor. ¿Será esto otro punto a favor por lo que me encanta vivir así? Seguramente, ¿Verdad?

Mirar al suelo y atender a tus pisadas, una tras otra, un pie y el otro avanzando sin prisa, sin pausa y, levantar la vista atendiendo a una llamada, un peregrino lanzando la frase tradicional de hermanamiento entre los que somos iguales, ese "¡Buen Camino!" que hace que contestemos lo mismo, dos palabras de unión de pueblos, de culturas, de personas que son diferentes igualadas por una experiencia, una forma de vivir. Esa frase que desea buena suerte al otro que pasa a tu lado experimentando lo mismo que tú, pero que significa mucho más en su trasfondo. Significa que en ese momento hay un *igual* a ti, que no estás solo, y que esa persona no es ni más ni menos que tú, simplemente es un humilde peregrino dispuesto a ayudarte si es necesario y que sus pertenencias materiales van detrás, ahí en la mochila de manera literal y de manera metafórica, por supuesto, mientras que delante solo está él, abierto como persona a los demás, una persona como tú, con los mismos problemas, los mismos miedos, y el mismo objetivo: ser feliz.

Las personas necesitan convertirse en peregrinos para después poder convertirse en personas.

[138]

SOLIDARIDAD Y ALTRUISMO

Solidaridad: "Adhesión o apoyo incondicional a causas o intereses ajenos, especialmente en situaciones comprometidas o difíciles."

Altruismo: "Tendencia a procurar el bien de las personas de manera desinteresada, incluso a costa del interés propio."

Estas dos definiciones van juntas de la mano y se convierten en algo esencial en una vida peregrina. Son dos virtudes que tenemos los seres humanos y que muy pocas veces se dejan ver en la sociedad. Es cierto que tenemos una tendencia generalizada al egocentrismo, al pensar en nosotros mismos en primer lugar, y en segundo, y en tercero y si puedo conseguir algo haciendo mal al de al lado, aunque no lo necesite, lo hacemos, porque hemos convertido el mundo en un lugar donde rige la ley del más fuerte, y esa ley de la selva no debería tener cabida en unos seres, se supone, inteligentes como los seres humanos.

Por supuesto que creo que el mundo sería un lugar mejor para vivir si todos fuéramos más solidarios y altruistas con los demás.

"Yo no puedo cambiar el mundo porque no puedo cambiar a los demás; pero todos nos podemos cambiar a nosotros mismos, por lo tanto, si empiezas cambiando tú, ya estás haciendo todo lo necesario para cambiar el mundo."

En esta frase quiero resumir y desterrar la escusa típica para no cambiar hacia ser mejores personas, vivimos rodeados de esa competitividad y ese egoísmo insano y creemos que si somos mejores personas significa ser inferior al resto, que si hacemos un favor ha de tener consecuencias positivas directas hacia nosotros, es decir, sacar algo a cambio. Y seguimos creyendo que no merece la pena cambiar en ese sentido porque no valdrá la pena al no poder cambiar a los demás. No nos damos cuenta que tan solo hace falta que cada uno piense en cambiar él, sin pensar en nadie, porque si todos cambiáramos hacia esa dirección altruista el mundo sería un lugar maravilloso, y si no, por lo menos estamos poniendo nuestro granito de arena para que así sea.

Volviendo al Camino de Santiago, he de decir que es ver a un peregrino que necesite ayuda y algo te obliga a ofrecérsela. No sé muy bien qué es, no entiendo el porqué de ese afán de ayudar cuando en nuestra "burbuja" cotidiana ni nos paramos a pensar si ese que tenemos en frente necesita ayuda o no.

Me cuesta explicar con palabras esa sensación de sentirte tan altruista, se deberá a esa unión entre peregrinos que viven igual, o a esa empatía cuando sabes que mañana puedes ser tú el que necesite esa ayuda, o algo místico casi mágico que tenga el Camino y que aún no lo sepa.

Siendo sinceros no lo sé, pero que esa sensación te envuelve de manera inevitable es algo que nadie que haya hecho el Camino puede negar.

Mi primer momento altruista, y a pesar de lo insignificante que fue, casi rozando lo absurdo, llegó en nuestro primer Camino al terminar la segunda etapa y demuestra a la perfección ese sentimiento de ayudar al otro sin recibir nada a cambio.

Estábamos en el albergue de Soto de Luiña, tumbados en el césped que rodeaba el edificio, cuando una pareja de peregrinos, él vasco y ella italiana, con un aspecto de vagabundos según mi visión precoz que tenía sobre el Camino y los peregrinos en mi segundo día de experiencia, comenzaron a hablarnos y la conversación derivó en las famosas ampollas que suelen tener muchos pies cuando andan mucha distancia soportando el roce del calzado, el sudor y las altas temperaturas del asfalto.

En un momento dado surgió la pregunta de él; nos dijo que si teníamos una aguja con hilo para darles para que se pudieran pinchar las ampollas que tenían para drenarlas y así, poder curárselas. Por supuesto que dejar una aguja con un trozo de hilo a alguien no te convierte en la Madre Teresa de Calcuta, es algo insignificante, pero en ese momento podíamos haberle dicho que no teníamos, podíamos haber hecho como hacemos siempre en la famosa "burbuja", mirar para otro lado y pasar de esos dos desconocidos, no ya por no querer darles eso que pedían, sino por desgana, porque si no íbamos a sacar beneficios ¿Para qué ayudar? Pero algo nos empujó a ayudarles, rápidamente les dijimos que sí, que llevábamos un pequeño botiquín, e inmediatamente después me estaba levantando para ir dentro y buscar esa aguja con su trozo de hilo, algo tan banal e intrascendente pero que despertó en nosotros ese espíritu del Camino que tanto eco se hace por las voces expertas en esta forma de vida. Ese ejemplo sirve para darnos cuenta que ayudar también nos sirve a nosotros, la recompensa es ser mejor persona, es sentirte bien por haber hecho un bien a alguien, sea quien sea, y más sabiendo que todas las necesidades que tienen los peregrinos que te rodean, tarde o temprano las padecerás tú mismo, y ahí estará otro peregrino para ayudarte.

Quizás esa insignificancia del objeto en cuestión aumentó mi plena consciencia sobre el momento vivido hacia ese estado de solidaridad altruista que era incontrolable y que hacía sentirme bien ayudando a otras personas. Por eso no es cierto esa definición de "ayudar sin recibir nada a cambio" porque sí que recibes algo cuando ayudas a otros, recibes lo más importante que podemos tener, recibes una paz mental y un grado de bienestar contigo mismo inigualable.

Otro de los momentos que me empujaron hacia esa sensación altruista fue en el segundo Camino, en el albergue de Hospital de Bruma cuando nos unimos a los peregrinos que venían desde Ferrol haciendo el Camino Inglés que comenzamos en A Coruña. Nosotros ya estábamos allí junto con otros peregrinos que llenaron todas las plazas disponibles. Más tarde llegó esa pareja de "bicigrinos" con un niño de apenas año y medio de vida en la sillita de una de las bicicletas. En ese momento no tenían camas porque llegaron varios peregrinos más a pie y, como marca la norma de los albergues, tiene preferencia para quedarse con la cama un peregrino que va caminando respecto a otro que va en bicicleta. En esa situación podíamos mirar para otro lado, en definitiva, nosotros teníamos cama así que lo que les pasara a ellos nos daría igual, pero el Camino no te deja mirar para otro lado, te obliga a actuar, te incita a ofrecerles la tienda de campaña que llevamos para que pudieran dormir ahí, e incluso, llegamos a ofrecerles nuestras camas para quedarnos nosotros en la tienda para que el niño pudiera dormir mejor. Ese ofrecimiento no nos hace mejor que los demás, pero sí nos hace mejor que nosotros mismos en la vida cotidiana. Es una sensación muy agradecida.

Al final no hizo falta nada de eso; otros peregrinos que habían llegado antes y que también lo estaban haciendo montados sobre sus vehículos de dos ruedas decidieron continuar unos kilómetros más porque todavía era temprano. Es cierto que al final no tuvimos que hacer nada, pero me sentí mucho mejor habiéndolo ofrecido de manera sincera y desinteresada para ayudarles que si nos hubiéramos callado haciendo caso omiso a las necesidades de unos peregrinos como nosotros.

Y como no hay dos sin tres, no podía faltar el momento altruista en nuestro tercer Camino.

Camino de San Salvador. Nuestra etapa finalizaba en un albergue con una gran puntuación y buenos comentarios en cualquier página web relacionada con el Camino. Bajábamos de Pajares y el albergue de Bendueños era nuestro destino ese día, pero justo cuando nos faltaban apenas quince minutos para llegar, a medias de subir una cuesta con una inclinación exagerada que destrozaba gemelos y glúteos hasta esculpirlos y endurecerlos, recibimos una llamada de la hospitalera diciendo que había una avería y que no habría agua. Albergue cerrado. Momento de libertad de decisión para trazar un plan B y dirigir el destino de tus pasos. Campomanes estaba a tan solo dos kilómetros de allí, no había albergues, pero sí hostales y pensiones que habíamos visto en el móvil buscando en internet. Bendita tecnología cuando sirve de gran ayuda. Hacia allí nos dirigimos. Fuimos a reservar una habitación de una pensión, y después comimos un menú de once euros en un bar para saciar nuestro voraz apetito de caminante.

Fue al terminar de comer, ya de regreso a la pensión, cuando a lo lejos vimos la inconfundible silueta de un peregrino. No era muy difícil averiguar de quién se trataba puesto que del albergue de Pajares esa misma mañana sólo salimos nosotros dos y aquel peregrino israelí de setenta y ocho años que no habíamos vuelto ver desde que nos despedimos seis horas antes en la sala de estar del albergue.

Una sensación de alegría y una necesidad de ayudarle inundó nuestra mente como si hubiéramos visto a alguien de nuestra familia. Alguien a quien conoces hace apenas unos pocos días y que te alegras al verle como si fuerais amigos de toda la vida. Ya he explicado esa sensación de igualdad al llevar la misma vida humilde y peregrina. Nos pusimos a correr para alcanzarle, algo sencillo ya sin la mochila adherida a la espalda, y en apenas unas pocas zancadas le alcanzamos ofreciéndole nuestra ayuda para llevarle a la pensión donde nos hospedábamos nosotros.

Un momento altruista y solidario en cada Camino, los más significativos para mí, pero que no son los únicos. He querido explicar uno en cada uno, pero hay muchos más. El Camino te ayuda a ser mejor persona de lo que somos en otros ámbitos, te obliga a actuar así, sin pensar, sin necesitar recibir ninguna recompensa material a cambio de ayuda, porque la mejor recompensa es sentirte bien contigo mismo, saber que has ayudado a otro, siendo tan importante para esa persona y tan fácil para ti, ¿Por qué no habría de hacerlo? ¿Por qué necesitamos ver mal a otros para sentirnos bien? ¿Por qué necesitamos recibir recompensas materiales, monetarias más bien, para poder prestar nuestra ayuda a otra persona? ¿Por qué tanta competitividad insana y perjudicial para todos?

El Camino elimina todo eso, simplemente necesitas ayudar de manera altruista, y como siembras buenas acciones, recoges lo mismo cuando te haga falta, porque te hará, que no te quepa la menor duda.

LIBERTAD

"Facultad natural que tiene el hombre de obrar de una manera o de otra, y de no obrar, por lo que es responsable de sus actos."

"Estado o condición de quien no es esclavo."

"Estado de quien no está preso."

Según la Real Academia Española, libertad es eso que tenemos ahí arriba, describe el hecho de la capacidad de decisión que tenemos las personas, y luego se refiere a una libertad más física, de la oportunidad de movernos libremente por el espacio sin limitaciones.

Son las tres primeras descripciones sobre la palabra "libertad" que encontramos en la RAE.

Pues bien, de todas las descripciones que hace, ninguna se parece ni por asomo a la sensación de libertad que tenemos cuando nos sentimos plenamente libres, sin desglosarlo en libertad mental o física, una libertad total es la que siento en el Camino de Santiago.

Quien ha descrito la libertad, o no la ha sentido nunca con tal plenitud, o no sabe explicarla.

Para ser sinceros he de confesar que describir con palabras ese estado emocional, mental y físico que sentimos los que tenemos la suerte de haber experimentado una libertad absoluta en todos los sentidos, es francamente complicado.

Algo que no especifica la RAE en la libertad es esa sensación de no depender de nada ni de nadie. Cuando haces el Camino es cierto que dependes de tus escasas pertenencias, por desgracia en la sociedad en la que vivimos dependemos del dinero, y el Camino no es una excepción a pesar de ser muy económico realizarlo, y, por último, dependemos de nosotros mismos, de nuestra salud para poder caminar y seguir avanzando. Entonces no es del todo cierto que no dependamos de nada, pero en el Camino es donde dependemos de tan poco, de casi nada, que parece que realmente tenemos una libertad total de dependencia.

Somos libres porque solo necesitamos nuestras piernas como medio de transporte, sin depender de nadie.

Somos libres porque tenemos un mundo entero por recorrer, teniendo siempre igual de lejos el horizonte y que nos permite expandir nuestros límites de manera casi infinita, sintiéndonos parte de la naturaleza que tiene tanto que enseñarnos.

Ya lo he comentado muchas veces, pero somos libres porque el reloj no tiene cabida en esa vida, no controla nuestro tiempo, simplemente lo vivimos.

Somos libres porque, aunque seguimos con una rutina, ésta difiere mucho de una rutina de la vida cotidiana, te facilita por completo el vivir el presente y disfrutar cada momento.

Por supuesto que tanto en la vida diaria como la vida de peregrino sientes la capacidad de poder decidir qué camino escoger, si quieres parar a descansar o no, y somos libres porque no estamos encerrados y nadie nos dice lo que tenemos que hacer, en eso se iguala la vivencia en el Camino con la vivencia en la vida cotidiana. Ahí tiene razón la RAE y esa definición es correcta, sin embargo, hay una peculiaridad que discrepa en cierto modo, unos pequeños matices que hacen que en nuestra vida cotidiana no podamos tener esa capacidad de decisión en su totalidad. Me estoy refiriendo a las obligaciones. Claro que somos libres para no ir a trabajar o para no hacer eso que tienes que hacer porque te lo marca tu rutina, claro que somos libres para estar haciendo algo que te gusta y seguir haciéndolo una hora más. Sí, en la teoría somos libres, pero en la práctica tenemos que dejar de hacer eso que nos gusta porque el reloj dice que tenemos que irnos, llegando a ni

[146]

siquiera disfrutarlo en el momento que lo hacemos porque mentalmente sabemos que tenemos que hacer algo después, ese "tengo que…" no deja descansar a tu mente.

En la práctica no somos libres porque la rutina obligada que llevamos gobierna nuestra vida. El dinero, ese vil metal que mueve el mundo y a las personas hacia lo peor de sí mismas, es el cacique que nos oprime, el trabajo nos ata como una prisión y el reloj nos organiza lo más valioso que tenemos: nuestro tiempo.

Y creemos que somos libres… si leemos la descripción de la RAE veremos que sí somos libres, si analizamos nuestra vida, veremos que no.

Por eso creo que quien ha descrito la libertad lo ha hecho de una forma tan objetiva que está realmente equivocado, o, por lo menos, lo ha dejado inconcluso.

Cuando el Camino te abre los ojos, cuando te saca de esa "burbuja" de prisas, de miedos, de agobios, de obligaciones impuestas, etc. Y, te enseña lo que es realmente la libertad, es ahí cuando crees que la vida merece más la pena viviendo de esa manera.

Muchas personas se asombran cuando les digo que vuelvo a casa andando desde el trabajo esa media hora que tardo, o cuando vuelvo andando desde el centro de Madrid de madrugada tardando hora y media o dos horas. Eso no es nada cuando en una etapa normal puedes estar andando cinco o seis horas, cuando has hecho etapas de hasta nueve o diez horas andando. Pero la gente que vive acomodada en lujos innecesarios y dependientes de tantas cosas te pueden tachar de loco, no entienden el por qué me gusta tanto caminar. Lo que no saben es que no es que me guste en especial como actividad física, para eso prefiero correr, o realizar ejercicios de musculación o jugar un partido de fútbol. Lo que sucede es que andar me da un poco de la libertad que me ofrece el Camino, esa independencia respecto a un medio de transporte para volver a casa, dependiendo de sus horarios, de sus tarifas y de sus posibles retrasos. El no depender de nada ni nadie, sabiendo lo que voy a tardar en llegar y que, si yo estoy bien físicamente, llegaré y nada ni nadie me lo impedirá, elimina sin dejar rastro cualquier motivo de pereza a la hora de andar.

Siempre digo que lo más valioso es aquello que no se puede pagar con dinero. La libertad real y total es entonces muy valiosa. El Camino me enseñó esa sensación y ya no puedo vivir sin ella.

Siento libertad cuando voy en un autobús camino de un Camino, valga la redundancia, cuando bajo de él, me coloco la mochila y vislumbro un horizonte ante mis ojos infinito por descubrir. Lo mismo mirando la puesta de sol en Finisterre o tumbado en el jardín de un albergue después de lograr una etapa más. Libertad cuando recibo la noticia de que el albergue al que íbamos está cerrado por una avería y tengo la capacidad de decisión y de control frente al reto de "buscarse la vida" en la máxima expresión de la palabra. Si no tienes plan B te lo buscas, no hay otra opción. Libertad cuando sólo dependes de ti mismo y todo lo que necesitas lo llevas encima. Nada te ata a nada. Todo va contigo, y ese poco que necesitas es muy pequeño. Cualquier recibo es de agradecer y si puedes ayudar, ayudas. Eso es libertad en el Camino. Libre de ataduras, de obligaciones, libre física y mentalmente.

La tienda de campaña es algo que me hace sentir esa libertad, ya he hablado de ella en la mochila, pero es algo muy importante cuando se convierte en el único "por si acaso" que llevo conmigo y es lo más pesado de todo lo que transporto sobre mis hombros. No depender de ningún albergue, ni de hoteles, ni siquiera necesitas un camping. Cualquier lugar es bueno para poner la tienda y dormir sintiendo la naturaleza tan cerca de ti que llegas a fusionarte con ella siendo un componente más de ese entramado de vida. Te quita las preocupaciones de refugio, por lo tanto, te da toda la tranquilidad del mundo en ese aspecto y, en consecuencia, esa libertad en la que tanto insisto.

Cuando en el Camino de Santiago te pones la mochila, en realidad te estás quitando otra.

Y te aseguro que el peso de la mochila del humilde peregrino es mucho más liviano que el peso de la mochila de la rutina diaria.

El Camino te libera, te hace ver la vida de otra forma, te allana el camino de tu felicidad, te marca retos, te pone en dificultades, te enseña a superarte.

El Camino es vida y la vida es el Camino.

SUPERACIÓN

Yo soy una persona que siempre quiere ganar, ya sea un partidillo de fútbol con los amigos, una partida de algún juego de mesa o jugando a la PlayStation. Ese espíritu competitivo está muy valorado en la sociedad; ya sea ganar a tus amigos, a tu familia, a un desconocido, o incluso, a una Inteligencia Artificial como es tu rival en una consola de videojuegos. Pero hay un problema muy grande en esa competitividad: no saber perder. Es uno de mis defectos. Cuando compites tienes la posibilidad de ganar, pero también de perder. Es ahí cuando la competición saca lo peor de nosotros; envidias, malas actitudes, agresividad, ira, odio y pérdida del autocontrol están a la orden del día. Por supuesto que no todo el mundo que es competitivo saca esas reacciones negativas de sí mismo, por suerte cuando controlas tu mente eres capaz de aceptar una derrota, pero siempre existe esa posibilidad de que aparezca y no me gusta.

Con el tiempo he aprendido que el único rival que tenemos somos nosotros mismos. El único objetivo eres tú mismo. Esforzarte. Mejorar. Superarte.

No digo que la competición sea algo malo ni mucho menos, pero si bien es cierto que la sociedad nos incita a ser competitivos en todos los ámbitos de nuestra vida, siempre vendiéndonos que si ganamos al de al lado seremos mejores en algo, o por el simple hecho de ver perder al otro, con el tiempo he aprendido que lo más útil es ser cooperativo con los demás, y que la única competición que debemos librar es contra nosotros mismos. Desde nuestra mente hasta nuestro cuerpo; tenemos que competir contra nuestra mente para eliminar esos malos pensamientos y competir contra nuestro cuerpo para mejorar, ya sea en un entrenamiento deportivo o en esa guerra interna cuando estamos subiendo una cuesta o corriendo diez kilómetros y nuestra mente le dice a nuestro cuerpo que nos mienta y nos diga que no podemos continuar, que ha llegado la hora de arrojar la toalla, cuando en realidad siempre podemos avanzar un paso más.

Si nuestra mente nos llega a controlar pararemos al mínimo amago de cansancio, si somos nosotros los que la controlamos a ella podremos seguir, paso a paso, siempre un poco más, hasta alcanzar nuestras metas físicas o espirituales.

Nosotros somos nuestro peor enemigo. Competir contra nosotros mismos hará que mejoremos física y mentalmente. Siendo mejores personas. Siendo mejores personas de lo que éramos antes, no mejores personas que los demás.

Las mayores satisfacciones las he encontrado cuando me he ganado a mí mismo, cuando me he superado en algo, cuando he conseguido un objetivo que parecía imposible, que mi mente se empeñaba en que así fuera, sin necesidad de que otro perdiera, sin tener que pisar a nadie para ascender yo.

El Camino de Santiago tiene gran parte de culpa en que piense así. Es como un despertar que te abre los ojos hacia un esfuerzo propio de superación con una ayuda desinteresada recíproca entre tú y el resto del mundo: Competición contra ti mismo, cooperación con los demás. Creo que con esta fórmula el mundo sería un lugar mejor.

Durante el recorrido de la vida tenemos muchos momentos en los que debemos superarnos, hacernos más fuertes y lograr algo que tiempo atrás nos parecía imposible. El Camino, como metáfora de la vida que es, recrea esos momentos de superación durante el trayecto; nos obliga a vencer nuestros miedos, a dominar la mente, a esforzarnos para controlar el cansancio, la sed, el hambre o las ganas de parar. Destruir esa voz que nos dice que no podemos, que hay que rendirse, que eres muy flojo para conseguirlo. Destruirla a base de esfuerzo, de sudor, de perseverancia en lograrlo, en no rendirse nunca. Creer en algo. Porque el orgullo que sentimos al superarnos con nuestro esfuerzo es una de las mayores sensaciones que podemos experimentar. No tiene precio.

Y cuando algo tiene el valor infinito dado sólo por nosotros mismos se convierte en un tesoro incalculable.

Durante nuestro éxodo itinerante Jacobeo podemos apreciar diversos retos con los que superarnos. Quizás el más significativo sea el momento de entrar en la plaza del Obradoiro, plantarnos delante de la fachada de la Catedral de Santiago de Compostela y meditar sobre todos los momentos que has pasado hasta llegar hasta ahí, como principal objetivo de finalización física de los Caminos se podría decir que es en esa meta donde conseguimos superar nuestro reto, al igual que el corredor de una carrera popular pasando por debajo de un arco con la palabra "meta", Santiago es ese final, repito, físico, donde miraremos atrás y asimilaremos todo lo duro que ha sido mientras lo hacíamos, pero también los buenos momentos que hemos vivido, notando ese escalofrío que recorre nuestra espina dorsal y que nos dice: "Lo has logrado", dejando todos nuestros sentimientos a flor de piel, y, por supuesto siendo conscientes que eso no es el final, simplemente es el comienzo de otro reto por superar, porque el Camino es la meta.

Esa sensación de superación no sólo llega al terminar, porque no podemos disfrutar de algo cuando termina, se disfruta mientras se está viviendo, y cuando digo se disfruta, me estoy refiriendo a que estemos subiendo una cuesta con un 20% de desnivel con diez kilos en la espalda y con un sol que te hace sudar a cada segundo, al igual que se disfruta el momento de llegar a un lugar a cubierto tras seis horas bajo la lluvia. Eso forma parte de la vida, forma parte del momento de superación, y cuando hayas llegado a la cumbre, alces la vista oteando el horizonte y respires hondo, todo el esfuerzo que has hecho se verá recompensado, y lo disfrutarás más si sabes que en los momentos duros has sido consciente de que te estabas superando. Nada viene fácil, por lo menos, nada que valga la pena.

Superarte engloba todo, lo físico y lo mental. Superarte es tener que caminar cinco kilómetros más para llegar al siguiente albergue porque al que llegas está cerrado y tener la capacidad de asimilarlo de manera sosegada, no alterándote un cambio inesperado de planes, adaptándote a ese cambio que puede venir constantemente sin previo aviso, sin enfadarte, sin hundirte emocionalmente. Ahí te superas físicamente por hacer más distancia cuando tu cuerpo te pide parar, y mentalmente porque consigues aceptarlo manteniendo tu estabilidad emocional, sin alterar tu paz mental.

Cuando consigues eso, entonces te has superado, eres una persona con autocontrol, tú manejas los hilos de tu vida; tu cuerpo y tu mente son solo unos esclavos que obedecen tus mandamientos sin rechistar. Es muy difícil, lo reconozco, pero cuando haces algo que te ayuda a trabajar hacia ambos lados para superarte a cada momento como sucede en el Camino de Santiago, entonces encuentras la motivación en la vida, es cuando te enamoras de una forma de vida que no para de entrenarte para ser mejor persona. Cuando algo mejora tu vida no puedes dejarlo ir, por eso el peregrino no lo es cuando camina hacia Santiago exclusivamente. Un peregrino lo es para siempre, no puedes dejar lo que te hace mejor y te ayuda a superar tus limitaciones, o, más bien, a ampliar dichas limitaciones hasta el infinito de tus deseos.

FELICIDAD

Anduve los últimos ochenta kilómetros con mi calzado de *trekking* pisado por detrás, como si fueran pantuflas de andar por casa, debido a la tendinitis que me provocaron en los tendones de Aquiles de ambos pies. El calzado era el adecuado, supuestamente, para hacer ese tipo de viaje. Los probé en mi segundo Camino y me arrepentí de haberlo hecho a la cuarta etapa cuando el dolor era insoportable, me arrepentí por haber elegido un calzado que alguien ha decidido que es bueno para caminar, en vez de elegir el que yo sé que es el adecuado para mí; unas buenas *running* me parece lo más cómodo y no es necesario ni recomendable experimentar en ese tema.

A pesar de andar tanta distancia con dolor, y con la inflamación de los tendones que no menguaba a pesar de la crema antiinflamatoria y las pastillas con el mismo fin, ¿Cómo puedo explicar a alguien que no ha vivido el Camino de Santiago que lo que más deseaba al terminar dicho Camino en Finisterre era tener vacaciones otra vez para volver a disfrutar de esta experiencia?

Estoy seguro que la felicidad es eso, o, por lo menos, se le parece mucho. Algo que después de sentir ese dolor te hace querer volver a repetirlo solo puede ser algo que te hace muy feliz cuando lo estás haciendo, por lo tanto, merece la pena.

Ese dolor de las lesiones es simplemente una experiencia que adquieres de un error, y como tal me lo tomé, un aprendizaje añadido a la larga lista de ellos en la vida peregrina. Me sirvió para darme cuenta que de los errores se aprende y para afianzar más si cabe mi seguridad en que esa vida me encanta, porque darte cuenta de que algo te gusta cuando todo es favorable no tiene mérito, son en los momentos difíciles cuando podemos decir que algo nos gusta de verdad, porque si no es así lo dejarías.

Felicidad es estar a mil seiscientos metros de altitud en el puerto de

[155]

Pajares, con niebla y lluvia, con una temperatura de 6ºC en junio, con los pies calados y un frío de no sentir las manos, dolor de rodillas del desnivel constante y, a pesar de todo eso, no cambiarlo por nada del mundo. Eso es algo que te hace feliz. Que ¿Por qué? No lo sé. De verdad que no lo sé, porque si lo explico con palabras carece de sentido al contar situaciones de sufrimiento. Pero sientes que esa vida es lo correcto. El Camino es puro y sincero como la sonrisa de un niño, te hace humilde y te enseña lo que importa en la vida.

La felicidad, como ya he dicho en repetidas ocasiones, es el fin máximo de una persona. Cada uno tendrá una definición personal de lo que es la felicidad para él o para ella. Pero una cosa está clara, la felicidad nos la dan los momentos que vivimos haciendo lo que nos gusta y rodeado de las personas que nos importan de verdad, aquellos que tienen un hueco en nuestra vida.

Por todo lo que ya he explicado en anteriores capítulos y por todo lo que significa para mí el Camino, es estando allí cuando me siento feliz con todas sus consecuencias y de manera sencilla, todo te lo facilita para tal fin, a pesar de las adversidades y de los momentos duros, sigues siendo feliz, y eso es muy difícil.

Por supuesto que hay otras cosas que me gustan y me hacen feliz en la vida, momentos del día a día, compartidos con la gente que quieres y que no tienen relación con el Camino. Pero ha sido el Camino el que me ha enseñado a valorarlos y saber disfrutarlos más que antes.

Por eso todos los momentos vividos en el Camino, ya sean agradables; la libertad, la tranquilidad, la paz, la armonía con la naturaleza, la soledad que te lleva a meditar, la superación, el conocer a otras personas y lugares, etc. O duros; como que aparezca el cansancio, el frío, el calor, el hambre, el sueño, el dolor, las lesiones, el miedo a lo desconocido, etc. Absolutamente todos los vives en el momento, los disfrutas, eres consciente de tu situación actual, no piensas en mañana, en definitiva, eres feliz ahí, en ese preciso instante, haciendo algo que te gusta y que supera con creces las dificultades sobrellevándolas a la perfección.

Mi filosofía es vivir con lo mínimo valorándolo al máximo. Controlar los deseos para no crear necesidades engañosas hacia cualquier objeto material. ¿Realmente necesitamos todo lo que tenemos habitualmente? La respuesta es un "NO" rotundo. No necesitamos tantas cosas. No es necesario tener lujos. A mayor nivel de sencillez en la vida, menos problemas nos crearemos. Cuantas más pertenencias poseemos, mayor es el grado de preocupaciones absurdas hacia las mismas y, por lo tanto, mayores problemas, que se resumen en una disminución de nuestra tranquilidad mental y, en definitiva, nos aleja de esa felicidad. No hay que confundir la felicidad con el placer.

Por ejemplo, si una persona se compra un coche más caro que el del vecino le puede suponer un placer momentáneo porque cree que realmente lo necesita, pero pasado ese instante de euforia volverá a su estado normal y no le habrá dado la felicidad en absoluto, incluso cuando tenga una avería y vea que arreglarlo le cuesta más, aumentarán los problemas y los gastos económicos. Ya no se acordará de ese momento finito de euforia, no solo no le dio la felicidad, sino que ahora ayuda a reducirla por el aumento de problemas que ello acarrea. Por otra parte, el vecino con el coche barato podrá experimentar sensaciones negativas como la envidia o el odio si se fija en el otro y no valora lo que tiene. Estamos metidos en un proceso cíclico de consumo y de competencia respecto al de al lado. Nos venden que tenemos que comprar esto y lo otro, nos venden una necesidad irreal, y además creamos competencias ridículas con las personas que nos rodean para ver quién tiene el mejor producto, en este ejemplo, el coche. ¿Cuál de los dos vecinos del ejemplo es realmente feliz? Ninguno de los dos; porque uno cree que necesita el coche más caro para ser feliz, cuando seguramente no necesita ni el coche, y encima le supone un sobrecoste en mantenimiento, por su parte el otro no valora lo que tiene y envidia lo que tiene el vecino creyendo que eso le daría la felicidad. Por eso tenemos que encontrar y hacer aquello que nos hace sentirnos felices y no lo que nos da un placer momentáneo, por eso debemos valorar lo que tenemos y no engendrar sentimientos negativos mirando lo que tienen los demás. El Camino te enseña esa filosofía. El Camino es la verdad más pura sobre la vida. El lugar en el que tengo menos cosas y en el que más feliz soy.

También me gustaría hablar del dinero y de esa eterna pregunta que tantos debates ha fomentado: ¿El dinero da la felicidad? Por supuesto que antes que el dinero hay aspectos mucho más importantes en la vida; disponer de una buena salud y tener cerca a las personas que nos importan para poder compartir los momentos vividos es fundamental, ya que sin eso el resto no tiene ningún valor. Ahora bien, dejando eso como base y sin perderlo nunca, ¿El dinero da la felicidad? De manera directa no, aunque tengamos lo anteriormente expuesto, tener más o menos dinero no va en proporción con ser más felices o menos. Pero como por desgracia el mundo actual se mueve con dinero, como la sociedad en la que estamos sumergidos gira en torno a ese invento que tantas guerras ha dado inicio despertando la avaricia y el egoísmo, entonces podemos decir que el dinero es importante, pero no es importante como la mayoría de la gente piensa. Si le preguntamos a la población lo que harían si les tocara muchos millones de euros de repente, lo que contestaría un porcentaje muy elevado de ésta sería comprarse algo; "me compraría una casa enorme", "me compraría un coche carísimo", "me compraría el nuevo teléfono de mil euros", "me compraría…". Pero estoy seguro que muy pocos contestarían "viviría mi tiempo al máximo haciendo lo que me hace feliz, no necesito comprarme nada para eso". Es cierto que para hacer eso no es necesario el dinero, pero creo que tener mucho dinero nos daría la felicidad de manera indirecta porque nos daría la posibilidad de disponer del cien por cien de nuestro bien más preciado: nuestro tiempo. Es curioso, pero si yo tuviera mucho dinero no lo usaría en comprarme nada. La mayor parte del tiempo viviría como un peregrino. A mayor dinero que tendría, menos dinero necesitaría para ser feliz. Disponer de ese dinero para adquirir los bienes básicos, las necesidades primarias de alimento y refugio, sería suficiente para ser feliz y la mayoría del tiempo viviría así, como un humilde peregrino que no necesita tener más que lo estrictamente necesario sin caer en competencias ni envidias, sin crear necesidades irreales de aspecto material.

El dinero no da la felicidad, pero sí te da la posibilidad de ser feliz. Sin esa necesidad de pensar en conseguir dinero mediante un trabajo tendríamos el control total de nuestro tiempo, ganando así una paz mental inigualable, sin gastar ese tiempo limitado del que disponemos para vivir en hacer cosas que no nos gustan y vivir esclavizados bajo el mandato ininterrumpido y estricto de las manillas del reloj.

El Camino me ha enseñado que el dinero no es importante, que la vida es otra cosa, que la felicidad está más cerca de lo que creemos y que el dinero no te hace feliz por el mero hecho de tener más cosas. Me ha enseñado que disponer de nuestro tiempo para vivir haciendo lo que nos gusta es una de las claves para encontrar esa felicidad. El problema nos viene cuando tenemos que perder nuestro tiempo vital para encontrar ese dinero. Por eso tenemos que intentar valorar las cosas, disfrutar los pequeños momentos, e intentar ser felices el mayor tiempo posible sin pensar en nada más. El Camino me libera, dure lo que dure, ese tiempo es libertad, es tranquilidad, es disfrutar cada minuto sin pensar en antes o después, es olvidar esos "tengo que…" constantes que inundan nuestra mente de un agobio horrible por obligaciones impuestas que no nos dejan vivir en paz, que nos hacen pasar por la vida sin vivir el momento presente volando los años a velocidad fulgurante.

En resumidas cuentas, creo que el dinero no da la felicidad ni es importante para ello, pero que la sociedad se mueve al ritmo que marca y, por lo tanto, disponer de dinero suficiente para vivir con lo básico y poseer la totalidad de nuestro tiempo ayuda sobremanera a

[159]

conseguir la tan ansiada felicidad. Quiero lo que más odio para no tener que depender de ello. Repito, por desgracia es así, el dinero es el problema y la solución de manera cíclica infinita: tener más dinero (y me refiero a tener el suficiente para no gastar la mayoría de nuestro tiempo en realizar una tarea que no nos gusta, a excepción de aquellas pocas personas que pueden trabajar en algo que les atrae demasiado como para llamarlo trabajo) haría que tuviera más tiempo para vivir de la forma en la que menos dinero necesito. Sí, es un poco enrevesado, quiero dinero para no usarlo, porque lo que realmente quiero es la mayor parte de mi tiempo de vida que se va yendo inevitablemente como un puñado de arena entre los dedos y que nunca volverá.

Con un concepto tan complejo como el de ser feliz no puedo saber con exactitud si he conseguido expresar como me gustaría lo que para mí es la felicidad y cómo la siento mientras estoy como un humilde peregrino, con escaso valor material pero infinito valor humano, con una solidaridad que me hace actuar de manera altruista, con una igualdad real respecto al resto de personas que viven como tú en ese momento, sintiendo infinitud de sensaciones que te hacen ser consciente de que estás vivo y, por supuesto, esa libertad que te da el último empujón, sumado al resto de hechos vividos que, en total, componen lo necesario para ayudarte a lograr esa ansiada felicidad. Para mí eso es felicidad. Para el resto de peregrinos también. ¿Que por qué somos felices viviendo de esta forma? Si aún te lo estás preguntando deberías hacerte la siguiente pregunta para poder responder a la anterior: ¿Por qué todas las personas que lo hacen, siendo tan diferentes y de cualquier parte del mundo, les marca tanto y les hace tan felices? O acaso ¿Crees que a todos nos gusta tanto andar? No sabes responderlo, pero ese "todas las personas" también te engloba a ti, solo que todavía no lo has experimentado. Cuando lo hagas, se esfumarán todas las dudas y preguntas. Sólo quedarán respuestas y unas ganas exageradas de vivir así.

Aunque la felicidad es el objetivo de todo ser humano, no todos la encuentran. Mejor dicho, no todos la buscan. Porque la felicidad hay que buscarla haciendo aquello que nos hace mejor persona, que nos llena vitalmente, que nos divierte y nos entretiene, aquello que nos hace pasar las horas como si fueran segundos. Los peregrinos no sabemos explicar con palabras porqué nos hace felices, pero todos estamos deseando volver. Por eso hay que vivirlo. No podemos estar todos equivocados.

RECOMENDACIONES Y AVISOS

Vamos a repasar ciertas cosas que ya he dicho junto con algunas nuevas para recopilar algunos ejemplos prácticos.

Por supuesto lo principal que tenemos que recomendar a alguien que va a realizar el Camino de Santiago es el disfrutar al máximo cada instante, cada momento que vivirá en él. Ya sabemos que hay situaciones de todo tipo, no siempre son buenas, pero hay que valorarlas y vivirlas sin pensar.

El calzado ha de ser cómodo y deberemos estar acostumbrados, habiéndolo usado habitualmente. Si después de una jornada de lluvia están calados, podremos dejarlos a secar con papel de periódico dentro para que absorba la humedad, siempre y cuando tengamos a mano algún tipo de papel cuando lleguemos al albergue.

Si al comenzar la etapa, tu ropa tendida y limpia aún no se ha secado, lo cuelgas de la mochila para llevarla durante tu recorrido al aire libre, y sobre todo en días de sol se secará rápidamente. Lleva la ropa justa, y no lleves "por si acasos", lleva siempre encima contigo los enseres personales más valiosos, tales como la cartera con la documentación y el dinero, el móvil o la cámara de fotos si lo llevaras. Cualquier peregrino de bien no se va a apropiar de lo ajeno, pero es mejor prevenir que curar ya que no siempre estamos rodeados de peregrinos y nos encontraremos de todo tipo de personas en nuestro viaje.

Organiza bien las etapas para no llevarte sorpresas inesperadas, y una tienda de campaña ayuda a tener cierta libertad a la hora de dormir si no tenemos plaza cuando llegamos o el albergue está cerrado. Así mismo saber cuántos kilómetros haremos en el día o cómo es la altimetría de la etapa nos ayudará a una mejor organización y estaremos mejor preparados mentalmente, aunque eso ya depende de lo que quiera cada uno, hay personas que prefieren no saber lo que les espera.

[163]

Haz siempre etapas que puedas aguantar, entre veinte y treinta kilómetros es aceptable, más ya depende de cada uno, pero no lo recomiendo. Hacer etapas de menos de veinte de vez en cuando también viene bien para "descansar" algo.

Lleva la mente abierta, dispuesto a conocer lugares diferentes y personas desconocidas a diario. A medida que aumenta nuestra cultura, obtendremos mayor nivel de libertad mental, y esa variedad cultural solo lo pueden mostrar las personas de lugares diferentes que se juntan en el Camino compartiendo vivencias.

Has de ser tolerante, incluso con los peregrinos que no se comporten como tal o con las personas que te encuentres en cada lugar que pises y que no te reciban del mejor modo, aunque es poco frecuente que suceda. Y hay que respetar a los demás peregrinos, no hacer ruido en los albergues pasadas las diez de la noche para dejar que descansen los que se duerman antes. Esa hora suele ser la habitual de los albergues públicos para cerrar sus puertas, así que si sales a dar una vuelta recuerda regresar antes de esa hora o puedes encontrarte en la calle dependiendo de la regencia del mismo.

Saber agradecer en todo momento lo mucho o lo poco que te ofrezcan es uno de los mandamientos del peregrino. No exijas nada, no estás de vacaciones, no eres un turista. Nadie está obligado a ayudarte ni a servirte. Y, por otro lado, debes estar dispuesto a ayudar siempre de manera altruista al peregrino que lo necesite, deja de lado el egoísmo y las competencias, sienta muy bien ayudar sin esperar nada a cambio, quizás mañana seas tú quién necesite su ayuda.

Es imprescindible respetar la naturaleza, dependemos de ella, aunque no te lo creas, por muy autosuficiente que pensemos ser, si maltratamos y destrozamos el medio ambiente nos estamos matando poco a poco a nosotros mismo de manera silenciosa y eficaz. No ensucies, no alteres el paisaje, no contamines de ninguna de las maneras.

No te creas invencible, ante cualquier condición meteorológica debes adaptarte y protegerte; si hace mucho sol, imprégnate de crema solar, cúbrete la cabeza y bebe más agua de lo habitual siempre que sea posible condurando la que llevas. Si llueve, mójate lo menos posible, un poncho, un chubasquero o un paraguas entrarán en juego. Si hace frío abrígate y protege zonas sensibles como la garganta. Todo es muy básico, pero ante un ataque de soberbia podemos dejarlo de lado, y a nadie le apetece andar grandes distancias estando resfriado, mojado mientras disminuye su temperatura corporal por debajo de lo normal, o con unas quemaduras dolorosas al mínimo roce con las prendas de vestir.

Mucho cuidado al caminar por arcenes de carreteras, ya que es muy común hacer tramos así. Presta atención a las señales para no perderte. En caminos de montaña sigue las recomendaciones del personal competente, no arriesgues más de la cuenta, sobre todo en invierno. Si cortan un camino por peligro de nieve o hielo dirígete a la alternativa señalada. Hacer el Camino de Santiago no es algo peligroso ni mucho menos, pero ciertas imprudencias han causado accidentes a muchos peregrinos, e incluso les ha costado la vida, así que mucho respeto hacia la naturaleza que siempre es más fuerte que nosotros.

Como siempre es mejor prevenir que curar, revisa colchones al llegar al albergue para evitar visitas desagradables, en las costuras pueden habitar ciertos seres con ansias por picarnos la piel. Sacude el saco de dormir cada mañana, deshaz la mochila entera cada varios días para comprobar que no la habita ningún ser vivo. Importante la higiene corporal y lavar la ropa usada en el día. Llevar pantalones largos puede ayudar a impedir que garrapatas o pulgas se adhieran a nuestras piernas al caminar por senderos estrechos con la vegetación alta y salvajada.

Al finalizar la etapa es recomendable cuidar los pies haciéndonos un pequeño masaje en las zonas de mayor apoyo y tracción con cremas antiinflamatorias. Hacer estiramientos de todos los músculos, en concreto piernas y espalda y curar ciertas heridas o ampollas que podamos arrastrar.

Recuerda sellar tu Credencial de peregrino en cada albergue, bar o restaurante que tengan sello o en algún edificio público, tales como Ayuntamientos u oficinas de turismo. Sellar te acredita para utilizar los albergues públicos, demuestra que estás pasando por esos lugares. En los últimos cien kilómetros antes de llegar a Santiago es recomendable sellar mínimo dos veces en cada etapa, ya que existen ciertas personas disfrazadas de peregrinos que sellan y luego van en coche o autobús, picardías absurdas para recibir un papel llamado La Compostela o Compostelana que sin el mérito de haberlo hecho caminando, en bicicleta o a caballo carece de todo el sentido, convirtiéndose en eso, un simple papel que no significa nada para los tramposos. Pobres infelices que piensan que lo importante es tener un papel diciendo que has hecho el Camino, perdiéndose lo verdaderamente importante: hacer y vivir el Camino, y no esa meta en forma de manuscrito.

Como último aviso tan solo me queda pediros que lo penséis bien, he recomendado por activa y por pasiva hacer el Camino de Santiago a todo el mundo, es una experiencia que te marca para siempre, un aprendizaje único sobre la vida que ya no os podréis ni querréis liberar de él, os acompañará el resto de vuestra vida. Si finalmente decidís emprender este viaje tenéis que saberlo; lo comenzará *alguien* conocido y lo finalizará *otra* persona completamente diferente, un nuevo *yo* resplandecerá en vosotros hacia algo mejor de lo que erais antes.

Si no quieres mejorar mental, física y emocionalmente no te muevas de tu "burbuja" rutinaria. Pero si decides experimentar ese cambio tan solo te queda calzarte tus botas, ajustarte tu mochila, y poner el paso más difícil sobre el Camino: el primero. Los demás van de corrido, uno tras otro, hasta contagiarte paso a paso del espíritu caminante, a cada segundo que subsistes en esa forma de vida tan maravillosa, gratificante y pura.

Pisa una sola vez y serás un peregrino para el resto de tu vida. Luego no digas que no se te advirtió. Bienvenido a tu nueva vida. Disfrútala a cada instante y saborea los pequeños placeres que te ofrece. Humildad. Respeto. Empatía. Respira hondo. Agudiza los sentidos. Siente. Ama. Vive. Vamos más allá y vamos más arriba, o lo que es lo mismo: *Ultreia Et Suseia.*

AGRADECIMIENTOS

No he parado de decir que un peregrino agradece, nunca exige nada. Pues bien, ha llegado el momento de llevar a la práctica el noble arte de dar las gracias:

En primer lugar, gracias a todas esas páginas de internet que hablan sobre el Camino de Santiago, que lo organizan todo por etapas pudiendo elegir el Camino que quieras hacer y viendo todo tipo de informaciones como dónde dormir, lugares para comer o alternativas del Camino, que dan consejos, que dejan lugar para los comentarios de otros peregrinos y así poder ampliar la información sin límite. Páginas web como:

- www.gronze.com

- caminodesantiago.consumer.es de Eroski.

- www.editorialbuencamino.com

- www.mundicamino.com

- www.pilgrim.es

- vivecamino.es

Muchas gracias a las personas que hacen posible todo eso para que sea mucho más sencillo poder hacer el Camino, hacerlo de manera organizada y así más tranquila. Información al alcance de todo el mundo para compartir los conocimientos de manera altruista. Todas ellas son páginas que nos han ayudado mucho a la hora de hacer los tres Caminos que llevamos hasta la fecha y no podía dejar de nombrarlas y recomendarlas a todas aquellas personas que lo quieran hacer en un futuro.

Gracias a todas las asociaciones de amigos del Camino de Santiago por trabajar para el mantenimiento y conservación de todos los Caminos que existen, ya sean Caminos oficiales hasta Santiago, enlaces o Caminos relacionados. En especial dar las gracias a la asociación de amigos del Camino de Madrid sito en Calle Carretas, 14, 6-C2 Madrid, lugar donde he conseguido mis Credenciales por un precio reducido y hemos recibido una charla de manera gratuita para explicarnos todo lo básico que hay que saber sobre el Camino de Santiago cuando fuimos por vez primera.

Gracias a todos aquellos que ayudan al peregrino, sobre todo dirijo este párrafo a los hospitaleros de los albergues que no van solo a cobrar y se marchan, sino esos que mantienen vivo el espíritu del Camino ayudando al peregrino de manera desinteresada, amables y, viviendo la experiencia desde otro punto de vista, pero con la misma ilusión y respeto hacia una forma de vida. Gracias a esos hospitaleros de verdad.

He de dar las gracias a todos los peregrinos y los no peregrinos con los que hemos coincidido en nuestros setecientos cincuenta kilómetros de experiencias itinerantes. A todos aquellos con los que hemos compartido algo, aunque sean unos escasos segundos de saludo o conversación, unos breves momentos, coincidido varios días o ayudado de manera recíproca sin pensarlo ni un instante. Gracias a todas las personas que nos han dado algo positivo y a los que no también. Porque tan valioso es alguien que te ayuda como el que intenta hacerte daño. Solo depende del "cómo" lo veamos y valoremos. Esas personas que no nos aportan nada bueno están, sin saberlo, ayudándonos en nuestro entrenamiento mental, trabajando nuestra paciencia, nuestra tolerancia, evitando estallar a la mínima oportunidad, asimilando las cosas tal y como vienen y logrando la tan ansiada paz mental que queremos conseguir para alcanzar la felicidad. Todo tiene un lado positivo, nuestra mente proyecta lo que creemos que son las cosas, si la entrenamos hasta verlo de manera positiva, todo será positivo. Y ese entrenamiento te lo ofrecen las personas que no nos gustan, los que parecen negativos para nosotros, nuestros "enemigos", ellos nos están dando algo muy bueno sin saberlo. Por eso gracias a todos con los que nos hemos cruzado en nuestro viaje, teniendo buenas intenciones o no tan buenas.

Gracias también a todas aquellas personas dentro de la "burbuja" ya famosa de vida cotidiana por hacerme más amena mi estancia ahí, gente que está cuando se la necesita, amigos que saben quiénes son sin necesidad de nombrarlos, al igual que todas las personas que han aportado algo positivo en mi vida, o esas que me han enseñado algo nuevo ampliando mis horizontes intelectuales, haciéndome cada vez más libre a medida que aumentaban mis conocimientos. Gracias a todos ellos.

Por supuesto, tengo que dar las gracias a mis padres, quienes me han dado lo más importante: la vida. Gracias por apoyarme siempre en los momentos malos, por confiar en mí, por darme la libertad necesaria para construir mi personalidad. Gracias por no juzgarme y por dejarme actuar con mis creencias y valores. Gracias por habérmelo dado todo. Por educarme, por cuidarme, por darme muchos caprichos y a la vez enseñarme a valorar las cosas, por quererme, por tantos momentos vividos juntos, porque ese amor no se puede pagar con dinero y, por lo tanto, me resulta algo maravilloso. Gracias de verdad.

Y para finalizar, debo de dar las gracias a Sheila, la peregrina que dio el último empujón a este indeciso servidor para dar el primer paso en el Camino de Santiago. Qué puedo decir de ti, eres el amor de mi vida, compañera de mi viaje físico por esta vida y compañera de aventuras por los Caminos. Mi novia, mi peregrina. Tantas cosas vividas, y tan escuetas comparadas con todo lo que nos queda por vivir. Gracias por lanzar la propuesta de organizar un Camino ese verano aburridos frente al ordenador e iniciar esta experiencia tan gratificante que tanto nos ha dado a nuestras vidas. Gracias por aguantarme en todos los momentos, sobre todo en aquellos en los que no me soporto ni yo mismo. Gracias por apoyarme en todas mis decisiones ayudadas por

[171]

tus consejos. Gracias por hacerme mejor persona. Gracias por quererme. Gracias por ser tú misma, porque te quiero tal y como eres. Sí, te quiero demasiado como para expresarlo en palabras. Ocho letras me parecen muy pocas para decir algo tan grande. Te quiero, y espero seguir demostrándotelo todos los días de mi vida.

GRACIAS A TODOS Y...

¡BUEN CAMINO!

Printed in Great Britain
by Amazon